LOGISTICS RESOURCE

Integration Based on the Unity of Object Identifiers

基于对象标识统一性的
物流资源整合研究

朱惠琦 ◎ 著

中国财经出版传媒集团

经济科学出版社
Economic Science Press

图书在版编目（CIP）数据

基于对象标识统一性的物流资源整合研究/朱惠琦
著．－－北京：经济科学出版社，2022.9
ISBN 978－7－5218－3992－0

Ⅰ.①基… Ⅱ.①朱… Ⅲ.①物流分析－研究 Ⅳ.
①F250

中国版本图书馆 CIP 数据核字（2022）第 164068 号

责任编辑：袁　潋
责任校对：靳玉环
责任印制：邱　天

基于对象标识统一性的物流资源整合研究

朱惠琦　著

经济科学出版社出版、发行　新华书店经销
社址：北京市海淀区阜成路甲 28 号　邮编：100142
总编部电话：010－88191217　发行部电话：010－88191522
网址：www. esp. com. cn
电子邮箱：esp@ esp. com. cn
天猫网店：经济科学出版社旗舰店
网址：http：//jjkxcbs. tmall. com
固安华明印业有限公司印装
710×1000　16 开　15 印张　170000 字
2022 年 9 月第 1 版　2022 年 9 月第 1 次印刷
ISBN 978－7－5218－3992－0　定价：75.00 元
（图书出现印装问题，本社负责调换。电话：010－88191510）
（版权所有　侵权必究　打击盗版　举报热线：010－88191661
QQ：2242791300　营销中心电话：010－88191537
电子邮箱：dbts@ esp. com. cn）

前　言

作为物流活动的重要物质基础，近年来社会各界积极开展了物流资源的建设工作，带来了物流资源数量的迅速增长。但当前已经出现了物流资源利用不足、闲置甚至浪费的情况，严重影响了物流行业健康发展。充分挖掘现有物流资源潜力并进行合理配置，是改善物流资源利用现状、实现物流业良性发展的关键。物流资源整合能综合利用各种技术将分散的、闲置的物流资源进行重组、联合与集成，以取得资源利用的整体最佳效果，所以物流资源整合是实现物流资源有效运作的重要手段。企业开展物流资源整合，除了需要物流资源外，还需要相关物流信息的支持。对象标识作为物联网的基础支撑技术，主要被用来表达信息，支持物流信息采集。但物流活动中对象标识的不统一、不兼容的问题，阻碍了企业间的高效信息沟通，影响了物流资源整合的深入推进。因此，如何通过推动对象标识的统一，改善企业间信息交互水平，提升物流资源利用率，加快物流资源整合进程，实现物流收益提升成为了本书要解决的核心问题。

为解决上述问题，本书第 1 和第 2 章介绍了基于对象标识统一性的物流资源整合的研究背景、研究意义以及研究基础。第 3 章分析了物流资源整合及其对象标识的基础问题，归纳出了物流资源整合的特征、目标、基本结构及衡量维度；探究了物流资源整合中对象标识的内涵、概念模型、运作过程及存在问题；从定性的角度构建了基于对象标识的物流资源整合分析框架。第 4 章在明晰了物流资源整合对对象标识统一性的信息和结构需求后，给出了具有兼容性的对象标识统一化方案，并运用了系统动力学理论，建立了对象标识统一性影响物流资源整合的关系模型。第 5 和第 6 章在明确了开展物流资源整合的企业的对象标识统一策略后，构建了考虑对象标识统一性的物流资源整合优化模型；进一步分析了不同物流资源整合结构下该模型的变形，设计了模型的算法，并通过企业案例对研究进行了验证。第 7 章对全书进行了总结，并对未来研究进行了展望。

在物流行业高速发展的当下，物流资源整合的研究已经成为一个多学科交叉的领域，新问题不断涌现，新技术与新方法也层出不穷。本书只是作者在物流资源整合领域初步研究与探索的成果。由于作者学识有限，疏漏和不当在所难免，恳请广大学者、专家给予指正。

作者
2022 年 7 月

目　　录

第 1 章

绪　　论

　　物流领域分散物流资源的高度集约化管理和智能化配置等方面，网络化和智能化还处于起步阶段，对物联网技术的需求均比较迫切。作为物联网基础技术之一的对象标识，也因此将会在物流资源的整合中发挥作用，但其如何作用于物流资源的整合过程尚未可知。所以本书分析提出要对"基于对象标识统一性的物流资源整合"这一管理学问题进行研究，并在本章阐述该问题的研究背景、研究意义、研究范围，提出本书的主要内容及组织结构。

1.1　物流资源整合问题的提出

1.1.1　研究背景

（1）物流资源整合是物流运作管理的核心。

近年来，我国政府不断出台鼓励物流资源建设的政策，以促进我国物流业迅速壮大，但当前物流资源已经出现了闲置情况，社会中存在大量物流资源没有被充分利用。所以政府在增加物流资源投资时不宜过多过快，充分挖掘现有物流资源的潜力比单纯通过投资带动物流供给能力的增长更能产生效果。这主要是因为使单位物流资源提供更多服务，可以节省资金用以改善外部交通运输条件、完善市场机制，还能进一步优化物流结构。因而物流业在扩大规模时，需要合理配置资源、降低投入的冗余和浪费[1]，通过提高物流资源利用水平，实现物流产业对经济增长的可持续拉动作用。但物流业是多重物流资源产业化形成的一种聚合型产业，从功能特性上看，物流资源包含信息资源、运输资源、仓储资源、包装资源、装卸资源、流通加工资源、人力资源等，贯穿于整个供应链，涉及经济活动的方方面面，分布在制造业、农业、流通业等多个领域，归属在不同的社会管理部门，物流资源呈现出分散性、复合性、复杂性等特征。而这些特征往往易导致物流信息、技术、管理等方面标准不统一的问题，影响物流资源一体化运作效率。例如已拥有生产企业赋予的对象标识的货物或托盘，进入仓储环节后，会出现仓储企业不利用原有对象标识，而是采用自有对象标识对其进行管理的现象。尤其是货物、运输资源及仓储资源常分属于不同部门，所以该现象将导致在物流信息系统中出现不同的对象标识信息。进而引起不同领域对象标识不一致，货物信息分散，物流资源不能协调一致地运作。

由此可见，如何将分散的、复杂的物流资源进行无缝化链接与整合，成为物流运作与管理的核心问题之一。物流资源整合是实现物流高效运作和提高竞争力的重要手段[2][3]，通过整合能够将各种物流资源紧密地联系起来，消除在物流服务过程中产生的各种壁垒，使之能够为完成共同的物流服务目标而进行协同运作。2011 年 8 月国务院办公厅出台的"国九条"中提出了体制改革、资源整合、技术创新等多条政策措施，旨在打破条块分割，提高物流资源运作效率，实现物流资源"1＋1＞2"整合功效。2014 年国务院印发的《物流业发展中长期规划（2014—2020 年）》中也再一次强调"要整合和规范现有园区，节约、集约用地，提高资源利用效率和管理水平"。这里的物流资源整合主要是指基本保持原来资源整体状态、不改变资源主要属性的前提下，在一定的时间和空间范围内，根据动态的市场需求，综合利用各种技术将分散的物流资源进行重组、联合与集成。

（2）对象标识是实现物流资源整合的关键。

企业开展物流资源整合，除了需要物流资源以外，还要有相关物流信息支持。在物联网环境中，物流信息能够被及时获取与传递，给企业物流资源整合提供极大的帮助。为了发挥物联网在物流信息方面的优势，2013 年多部委印发的《物联网发展专项行动计划（2013—2015）》在应用推广专项行动计划的重点任务中强调"要加强跨区域、跨行业、跨部门物流信息的交换与共享，推动利用物联网技术进行统计信息的采集和分析挖掘，提升物流运作效率，降低物流成本"。可见在信息化社会中，物联网技术对物流行业的发展有着重要的支撑作用，是承接物流信息与物流运作管理的重要桥梁。这种作用的实现主要是依靠物联网感知层对物流过程中各类信息进行识别，然后通过网络层将信息传输到企业需要的地方，最终辅助企业进行物流资源整合的决策。其中，感知层对信息的识别是整个信息获取过程中的基础环节，该环节的顺利完成主要依赖标识和与其配套的识别技术与设备。

工信部电信研究院在《中欧物联网标识白皮书（2014）》① 中，根据识别目标、应用场景、技术特点等不同，将物联网标识分成对象标识、通信标识和应用标识三类②，明确对象标识用于识别物联网中被感知的物理或逻辑对象，网络标识用于识别物联网中具备通信能力的网络节点，应用标识用于对物联网中的业务应用进行识别。从该分类中可看到对象标识所承载的信息直接反映客观物理对象情况，这类信息是指导物流运作的基础与关键。为了清晰认识对象标识，这里将其进行具体的名词性描述，即指以实物或电子数据形式表现某一物所具有的属性或特征的符号或标记。对象标识使货物等通过识别设备与互联网连接起来而具有了互连性、可视性和虚拟性，从而为实现货物智能化识别与管理提供支撑，为物流资源整合提供新思路。例如在跟踪运输车辆时，将货物信息与运输车辆信息匹配，通过对运输过程全面监控，可以实现货物的实时追踪和物流全过程管理。对物流活动全方位管理与控制，能为企业提供大量物流信息，给企业优化运输路径和调度运输车辆提供指导。因而在物联网快速发展的当下，企业要高效地采集信息进行物流资源整合就需要对象标识支持，对象标识正在成为实现物流资源整合的关键。

---

① 白皮书是一国政府或议会正式发表的以白色封面装帧的重要文件或报告书的别称。白皮书作为一种官方文件，代表政府立场，特别是白皮书已经成为国际上公认的正式官方文书。《中欧物联网标识白皮书（2014）》主要由工业和信息化部电信研究院的欧洲物联网研究总体协调组编写。
② 《中欧物联网标识白皮书（2014）》中界定了物联网标识的概念和相关技术的研究范畴，总结了物联网标识技术在中国和欧盟的发展及应用现状。在物联网标识概念方面上，基于识别目标、应用场景、技术特点等不同，物联网标识可以分成对象标识、通信标识和应用标识。

企业正在纷纷积极推进对象标识应用，条码技术在工商企业和物流企业中的应用最为普及。当然，除了条码技术，其他对象标识也在同步推广，并得到了不少企业重视。但这些不同形式的对象标识之间尚不能进行兼容查询，所以企业欲进行跨域物流资源整合时，不同企业对同一信息表达不一致，将使得企业间信息交互存在障碍。以发展迅猛的快递行业为例，"四通一达"的快递包裹上都有运单号和订单号，但各企业运单号编码不同，订单号存在差异。二维条码在快递中也有使用，但其作用不同且码制多样。随着菜鸟网络的发展，快递企业之间将趋于合作。货物对象标识不统一带来的各企业系统对货物信息识别与查询的不兼容问题，终会影响快递企业的物流资源整合。因而，对象标识不统一是影响物流资源整合的障碍之一。如果实现了对象标识统一，拥有物流资源的主体就可以顺畅地与环境及其他主体进行交互。因此真正解决信息异构，实现对象标识统一，对于推动物流运作效率提升，实现物流资源整合具有重要意义。

（3）基于对象标识统一性的物流资源整合面临挑战。

为了削弱异构信息的影响，实业界、学术界、世界各地协会及行业机构都在积极开展对对象标识统一性的研究。实业界主要是从整合物流信息平台、整合信息门户、战略联盟的角度试图克服对象标识不一致带来的沟通困难，而学术界主要是从数据库整合、资源寻址、统一化编码等角度，通过提出兼容机制或者新型的网络结构推动对象标识的统一化发展。另外国际上的标准化机构（见表 1 - 1），如国际标准化组织（International Organization for Standardization，ISO）、国际电工委员会（International Electrotechnical Commission，IEC）、

ISO 与 IEC 联合技术委员会、国际电信联盟（International Telecommunication Union，ITU）、欧洲电信标准化协会（European Telecommunications Standards Institute，ETSI）、美国电气和电子工程师协会（Institute of Electrical and Electronics Engineers，IEEE）、国际物品编码组织（Global Standard 1，GS1）等同样在积极地对射频识别（Radio Frequency Identification，RFID）、自动识别与数据采集、设备标识等领域的标准进行探讨，形成了一批适应物联网发展需要的标准。与国际相比，我国有关部门（见表 1 - 1）结合我国的发展需求，着手研究了对象标识标准化的问题。国家专门成立了中国通信标准化协会（China Communications Standards Association，CCSA）、泛在网技术工作委员会、国家物联网基础标准工作组等以期完善对象标识各方面的标准。

表 1 - 1 国内外物联网对象标识研究机构

国际组织	国内组织
国际标准化组织 国际电工委员会 ISO 与 IEC 联合技术委员会 国际电信联盟 欧洲电信标准化协会 美国电气和电子工程师协会 国际物品编码组织 日本泛在识别中心 ……	中国电子技术标准化研究院 中国科学院计算机网络信息中心 中国物品编码中心 工业和信息化部电子科技情报研究所 中国通信标准化协会 传感器网络标准工作组 泛在网技术工作委员会 国家物联网基础标准工作组 ……

尽管社会各界为克服对象标识不统一的问题做出了努力，但依旧没有解决好对象标识统一性的问题。这主要是因为在物流活动中很多企业或组织已经采用了不同的对象标识标准，目前存在大量的

异构历史信息；互联网的信息发现机制不满足物联网下物流活动的需求；不同标准的制定部门之间存在利益冲突，要推广应用统一的对象标识标准存在巨大的困难。所以要实现对象标识统一，企业就需要面临异构历史信息、改善发现机制及缓解各部门矛盾的挑战。

2014 年《物联网白皮书》中指出物联网中涉及的标识类型繁多，在一定时期内，多种标识方案将并行发展，不同方案之间需要考虑翻译和映射。这表明物联网的各类标识，包括对象标识在内，都尚需完善，且目前正朝着统一、兼容的方向发展。对象标识统一的发展将影响物流过程中物流信息的交互，将改变企业的物流信息获取和共享状况。如果这些困难得以克服，对象标识统一得以实现，企业进行物流资源整合时将获取更多的有效信息，物流资源的整合方式与方案将会发生变化，但如何应对该变化也将是企业要面临的难题。所以，本书认为要在物联网背景下实现物流资源的高效整合，首先需要解决对象标识统一的问题，然后在对象标识统一性支持下来完成各类形式的物流资源整合。

1.1.2 研究意义

本书通过应用物流管理理论、系统论、多目标优化理论及对象标识等理论及方法，探讨了物流资源整合对象标识理论体系的相关问题，提高了人们关于对象标识统一性对物流资源整合作用的认识，并通过构建物流资源整合优化模型，改善了物流资源整合运作的效率和效益。所以，本书的研究有重要的理论与现实意义，并主要集中表现在以下几个方面：

（1）推动了物流资源整合对象标识理论体系的构建。

为弥补现有物流理论中对象标识理论体系的研究缺陷，本书在明确对象标识概念基础上，分析了对象标识的概念模型、运作过程及当前运作中存在的问题。其中，对象标识的异构及对象标识信息的分散储存等问题，严重影响了跨域物流资源整合的信息沟通，阻碍了物流资源整合运作效率与效益的提高。为了克服上述问题，本书构建了基于对象标识的物流资源整合分析框架，一方面为推动对象标识在物流资源整合中深入发展提供了依据，另一方面也为物流资源整合对象标识理论体系的构建奠定了理论基础。另外，对基于对象标识的物流资源整合分析框架的探讨，还有利于指导企业充分运用已有对象标识开展物流资源整合，有利于企业合理规划在物联网环境下的物流资源整合发展方向，还有利于促进企业积极提高对象标识水平。

在基于对象标识的物流资源整合分析框架中主要指出企业可以通过提高对象标识统一性来增加对象标识对物流资源整合的推动作用，这为企业提高物流资源整合水平提供了新的途径。这里的对象标识统一性指在一定的技术或方法的帮助下，对象标识实现兼容或统一的程度。对象标识统一性对物流资源整合的积极作用揭示了物联网环境下的物流资源整合与传统物流资源整合的区别，丰富了现代物流管理理论。因此，从理论上研究基于对象标识统一性的物流资源整合问题，具有重要的理论意义。同时，利用物流资源整合对象标识理论体系所形成的一套基于对象标识统一性的物流资源整合系统化理论方法，为企业在物流资源整合中有效利用对象标识统一性提供了理论指导。

（2）探究了对象标识统一性对物流资源整合的作用。

从基于对象标识的物流资源整合分析框架中还可以看到，对象标识统一性会从物流收益、企业间合作及物流资源利用三个维度推动物流资源整合水平的提高。但对象标识统一性具体是怎样作用于物流资源整合，还缺乏必要的分析。针对上述研究不足，本书开展了对象标识统一性对物流资源整合影响机理的分析。书中采用对象标识统一化程度对对象标识统一性进行衡量，运用系统动力学构建对象标识统一性影响物流资源整合的关系模型，在模型中对物流资源整合水平的衡量主要使用物流行业收益、企业间合作和物流资源利用率。对该模型进行的定量分析，揭示出对象标识统一化程度的提升可以改善企业间合作，增加物流行业收益和提高物流资源利用率，即对象标识统一性可以影响物流资源整合效果。该研究结果让人们清晰地认识到了对象标识统一性对物流资源整合的积极作用，补充了物流资源整合优化理论中在对象标识统一性影响机理方面的研究缺陷，为企业正确处理对象标识统一性与物流资源整合关系提供了理论支撑，为企业合理运用对象标识统一性开展物流资源整合相关实际活动提供了依据。

总体来说，该影响机理的研究，对促进各企业间物流资源供需匹配、提高物流资源利用率、实现物流收益快速提升有十分重要的实际指导意义；为构建考虑对象标识统一性的物流资源整合优化模型，选择物流成本、服务时间及物流资源利用率为目标函数，以对象标识统一化程度为影响参数，提供了可行性支持。

（3）改善了物流资源整合运作的效率和效益。

对象标识的统一化发展使得物流信息的获取变得更为便捷、准确，深刻地影响着物流资源整合运作水平的提高。但传统的物流资源整合模型较为关注对服务及收益的改善，而对精准的物流信息的作用考虑不够充分，所以需要重新构建新的物流资源整合模型来适应当前的发展。为了使企业能充分利用对象标识带来的优势制定合理的物流资源整合优化方案，本书考虑在新的物流资源整合优化模型中引入对象标识统一化程度，来帮助企业实现改善物流资源整合效果的目标。由于各企业的发展状况不同，明确不同企业的对象标识统一策略会使得模型研究更符合企业需要。因此，本书在模型构建过程中，首先充分分析了企业对象标识统一策略，其次考虑了物流资源整合水平三个衡量维度的要求，最终形成了以物流总成本、总服务时间及物流资源利用率为目标、以对象标识统一化程度为影响参数的多目标函数，用以指导物流资源整合运作效率与效益的改善。

通过研究发现，基于对象标识统一性的物流资源整合优化模型的构建，为企业获得具体可行的物流资源整合优化方案提供了可操作性工具；为企业制定物流资源整合的科学决策提供了技术支持；有助于解决客户精准化物流需求与当前企业尚不能充分提供精准化服务之间的矛盾；有助于降低物流成本，促进企业间合作，提高物流行业的整体服务效率；还能够推动企业进行对象标识统一的具体实践，以解决当前对象标识统一性较低、资源利用率不高等方面的问题。总之，为改善物流资源整合运作效率与效益而构建的考虑对象标识统一性的物流资源整合优化模型，对促进物流信息高效沟通、充分发挥统一的对象标识的信息交互作用及提升物流资源配置效率，有十分重要的现实意义。

1.2 研究范围界定

物流资源整合问题涉及的内容十分广泛，相关研究切入点多样，为了使研究具有针对性，这里特对本书的研究范围做如下描述，见图 1 – 1。

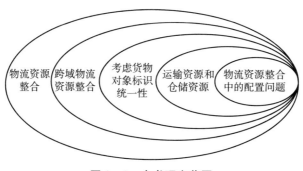

图 1 – 1 本书研究范围

（1）研究跨域的物流资源整合。

物流资源整合既可以在企业内进行，也可以在企业间开展。本书主要将突破企业界限的跨域物流资源整合过程作为研究对象，把每个企业整体看作个体，研究各企业之间物流资源的协调运作，而不研究企业内部的物流资源整合的情况。

（2）对象标识的应用主体限于货物。

对象标识既可用于识别资源，也可用于识别货物。本书主要考虑货物有对象标识情况下的跨域物流资源整合，不研究物流资源的对象标识情况及其作用。

（3）研究限于对象标识统一性影响下的物流资源整合。

本书研究重点在于对象标识统一性影响下跨域物流资源协调运作情况，仅考虑对象标识统一性的作用，不考虑物联网中的网络标识、应用标识及其他因素对物流资源整合的影响。

（4）物流资源仅限与货物有关的运输资源与仓储资源。

物流资源包含的资源类别众多，本书研究仅限于物流过程中密切与货物对象标识相关的运输资源和仓储资源，不研究其他物流资源。

（5）研究限于物流资源整合中的资源配置问题。

本书研究主要分析跨域物流资源整合中的资源配置问题，不涉及物流资源整合过程中的成员合作、利益分配和风险决策等内容。

1.3 主要内容及组织结构

本书分析了物流资源整合及其对象标识问题，挖掘了两者的联系，构建了基于对象标识的物流资源整合分析框架。该框架指出物流资源整合水平的提升，需要对象标识统一性推动。为此，本书结合物流资源整合对对象标识统一性的需求，研究了对象标识统一性对物流资源整合的影响机理。在明确企业对象标识统一策略前提下，构建了考虑对象标识统一性的物流资源整合优化模型。本书还对 WDQ 公司物流资源整合业务开展分析，为本书的研究提供支撑。本书共分为 7 章，具体组织结构如下：

第 1 章，绪论。本章明确了研究背景与意义，介绍了研究范围及主要内容；指出了物流资源整合是物流运作管理的核心问题，对象标识是实现物流资源整合的关键，但对象标识不统一制约着物流资源整合的发展。基于上述分析，提出了"基于对象标识统一性的物流资源整合"这一管理学问题，该问题为全书的研究指明了方向。

第2章，国内外研究现状。本章主要梳理了国内外关于物流资源整合和对象标识的研究。通过对文献的深入分析，寻找到了解决研究问题的方法和需要使用的理论。最终形成以物流管理理论为基础，以系统科学理论思想为指导，以多目标优化为手段，以对象标识统一性为切入点的研究思想，来指导对基于对象标识统一性的物流资源整合问题的探讨。

第3章，物流资源整合及其对象标识问题分析。本章明确了物流资源整合的特征与目标，归纳了物流资源整合的基本结构，提炼了物流资源整合的物流收益水平、企业间合作水平及物流资源利用水平三个衡量维度；剖析了物流资源整合中对象标识的内涵、运作过程及运作中存在的问题，全面展示了对象标识运作原理。为了指导企业合理利用对象标识，本书还构建了基于对象标识的物流资源整合分析框架，指出了对象标识对物流资源整合的推动作用，并主要表现在物流资源整合的三个衡量维度上。同时，结合企业物流资源整合对象标识的现状，指出各类型企业都普遍应用了对象标识，且他们已经开始关注对象标识统一性对物流资源整合的影响。但当前对象标识统一性低下，企业迫切需要提高对象标识统一性来改进物流资源整合效果。

第4章，对象标识统一性对物流资源整合的影响机理。根据第3章的分析可知，对象标识统一性对物流资源整合会产生推动作用，但对象标识如何实现统一，对象标识实现统一后如何作用于物流资源整合尚需分析。因此，本章在剖析物流资源整合中对象标识统一性、了解物流资源整合对对象标识统一性需求的基础上，提出了具有兼容性的对象标识统一化方案。运用该方案可以帮助对象标识逐步实现统一，而且对象标识统一性不断提高的过程会从物流收益、企业间合作及物流资源利用等方面影响物流资源整合水平。为了对该过程进行深入分析，本书运用系统动力学的作用反馈机制，构建了对象标识统一性影响物流资源整合的关系模型，并通过 Vensim 软件进行了动态仿真。依据仿真结果，总结出对象标识统一性对物流资源整合的具体作用，最终完成对对象标识统一性对物流资源整合的影响机理的探究。

第 5 章，考虑对象标识统一性的物流资源整合优化模型。企业自身发展情况会影响其对对象标识统一性的态度，所以明确企业对象标识统一策略，将有助于合理地研究物流资源整合优化问题。本章通过演化博弈分析得到，不同情况下企业的最终稳定策略（合作实施对象标识统一和合作不实施对象标识统一）。利用该分析结果，结合物流资源整合服务过程，本书以最为综合的网状物流资源整合为依据，以物流总成本、总服务时间和物流资源利用率为目标，以对象标识统一化程度 v 为影响参数，运用多目标优化方法，构建了考虑对象标识统一性的物流资源整合优化模型。同时，分别讨论了纵向与横向特例情况下物流资源整合优化模型的变形。要注意的是，由于物流资源整合优化模型中引入对象标识统一化程度 v，所以当 $v=0$ 时该模型可用于解决企业合作不实施对象标识统一进行物流资源整合情形下的方案优化问题。为了求解该模型，本书还设计了基于逼近理想点的遗传算法。

第 6 章，WDQ 公司案例研究。通过对 WDQ 公司调研发现，该公司的物流资源整合业务中还存在诸多问题。为了解决这些问题，提高该公司的物流资源整合水平，本书提出运用考虑对象标识统一性的物流资源整合优化模型，来优化 WDQ 公司的纵向、横向及网状物流资源整合业务。在分析过程中，还分别对比分析了在对象标识统一化程度 $v=0.25$ 和 $v=0.4$ 两种情形下的物流资源整合效果的变化。根据对比分析结果指出，WDQ 公司需要重视对象标识统一性。本书还结合该公司情况，给出了未来发展策略。对该公司的研究，可以为我国企业的物流资源整合方案的优化和对象标识的进步，提供理论依据与经验借鉴。

第 7 章，总结。主要阐述本书的研究工作与结论、创新点以及有待进一步研究的问题。

1.4　小　　结

本章介绍了本书的研究背景，阐述了物流资源整合是物流运作管理的核心，对象标识是实现物流资源整合的关键，但基于对象标识统一性的物流资源整合面临挑战。从这样的经济社会发展现实中，提炼出本书要研究的核心科学问题是基于对象标识统一性的物流资源整合，对该科学问题进行研究有多方面的理论与现实意义。为了解决好该科学问题，本章明确了本书的研究范围和主要内容，并始终贯彻提出问题、分析问题和解决问题的思想开展工作。

第2章

国内外研究现状

本章首先梳理学者对物流资源整合的基础研究，然后进一步整理物流资源整合中对象标识、对象标识统一性对物流资源整合影响的相关研究，同时分别对目前研究成果进行系统评述。

2.1 物流资源整合的基础研究

物流资源整合是一个涉及多种物流资源和多个企业组织的复杂运作过程，所以改善该过程的运作水平，需要先明确物流资源的定义与分类、物流资源整合的概念及物流资源整合的方法。

2.1.1 物流资源的定义与分类

国家标准《物流术语》中将物流定义为物品从供应地向接收地的实体流动过程。根据实际需要，将运输、储存、装卸、搬运、包装、流通加工、配送、信息处理等基本功能实施有机结合[4]。该定义已经被社会广泛地接受，可以用来指导研究工作。在定义中提到的物流基本功能的实现，需要借助各类基础设施及配套服务设备等生产要素，这些基础设施及配套服务设备就是物流资源[5][6]。姜大立研究了物流资源的定义，将物流资源界定为物流服务和作业过程中所依赖的资金、技术、知识、信息、人员、设备、客户、组织、文化等元素[7]。他主要是通过研究物流资源的分类情况来对其进行定义，尽管这种方式在表达上不够简洁，但它能够更为直接地展现物流资源的表现形式，这种界定物流资源概念的方法被很多学者所采用。

由于物流活动中涉及的生产要素众多，包含的物流资源种类多样，所以不同研究视角下对物流资源的分类也不尽相同。本书对现有研究中物流资源分类情况进行归纳发现，物流资源主要有广义与狭义之分、有形与无形之分及内部与外部之分。广义的物流资源是指物流服务和物流作业所依赖的资金、技术、知识、信息、人员、设备、客户、组织、文化等所有生产要素[5][7]；狭义的物流资源包括运输和仓储资源、物流市场和物流企业、包装设备资源和装卸搬运设备资源等[7]。物流资源从存在形态角度可分为有形物流资源及无形物流资源。有形物流资源主要分为财务资源、人力资源、信息系统资源、仓储设施、运输资源、物流网络运作资源、装卸搬运及其流通加工的设备设施、客户资源等；无形物流资源包括企业文化资源、管理资源、品牌资源、组织资源、技术资源等[8]。物流资源从研究主体范围角度还可分为内部资源和外部资源。其中物流企业内部资源包括物流企业自身的财力和物力资源、人力资源、信息资源、技术资源、客户资源、管理资源等[9]；物流企业外部资源包括企业外部环境资源、市场资源、行业资源以及可利用的其他企业资源等各种资源[10]。

由于本书在研究过程中更为关注企业借助对象标识提供的信息，来实现对企业间物流资源的具体调配，因而按照上述物流资源分类，这里将本书研究的这类物流资源界定为有形的狭义的外部物流资源。

2.1.2 物流资源整合的概念

资源整合的关键之处在于将已经存在的不同资源，在基本保持原来资源整体状态、不改变资源主要属性的前提下，组合为能够满足需要的新的资源[11]。多数学者遵循这一原则对物流资源整合的概念进行了广泛的讨论。

多萝西·伦纳德（Dorothy Leonard，1995）认为，企业资源整合就是在发现并建立企业的核心竞争能力的基础上，通过一定的决策措施，对企业内外的系统功能、实体资源、信息、网络要素以及其他要素进行统一规划、管理和评价[12]。该描述体现出了企业进行资源整合的对象与目标，但缺少对物流资源整合的针对性。王佐则更加细化地分析了物流企业资源整合的意义和整合内容，将企业的资源整合从战略层和战术层上进行了界定，并将整合的共同范畴归为客户资源整合、能力资源整合和信息资源整合[13]。该研究使我们认识到物流企业的资源不仅要在企业内进行合理配置，也要考虑与外部合作伙伴资源的整合。他主要是从物流企业的角度出发来研究资源整合的问题，与本书要研究的物流资源整合还存在差异，因而不能准确反映物流资源整合的内容。林荣清等直接针对企业的物流资源整合进行分析，在给出的定义中考虑了市场环境的需要和现代科技的作用，并认为物流资源整合是一个动态管理运作体系[14]。尽管与王佐相比，该分析更加直接、具体，但他们仍然是以企业为研究视角的。张占东等对林荣清的分析又做了进一步完善，指出物流资源整合是指物流产业的整体化和形成合力，它是在科学的制度安排下，借助计算机网络技术，利用并购、战略联盟、业务外包、托管、合资等方式，将企业有限的物流资源与社会分散的物流资源进行对接，以此来提高物流产业内部组织化与外部协调化的程度，培养物流企业核心竞争力的一种动态管理运作[15]。德克·彼得·范·唐克和塔可·范·德·法特（Dirk Pieter van Donk & Taco van der Vaart, 2005）认为物流资源整合是在供应链上与其他参与者在几个领域进行紧密合作的活动[16]。可以看到随着研究范围的不同，物流资源整合的定义会发生变化。穆东认识到了这个特点，指出物流资源整合也存在广义与狭义之分。广义物流资源整合是从政府和产业、行业或区域管理的角度对物流资源整合的认识，强调跨企业、跨行业、跨地区物流资源的统筹规划，统一运作与管理[17]。对广义物流资源整合的定义中突出了范围的扩大，但是没有详细描述整合的内涵。这些学者的研究逐步将物流资源整合的范围扩大到了物流产业及供应链，更加地接近了本书对物流资源整合的理解。

需要注意的是，本书在研究物流资源整合时，将每个企业都看作是一个个体，重点研究个体之间以及个体与社会物流资源的协调与优化配置，而不是仅考虑每个个体内部物流资源的整合，所以本书对物流资源整合的理解较为宽泛。林晓伟等对物流资源整合的界定是从社会的角度进行的，他们在分析中引入了集成化的概念[18]，使得该定义不能适用于普遍意义上的物流资源整合。董千里提出的定义可以说是从社会角度对物流资源整合的直接描述，他认为"将分散在不同企业部门的资源，按照一体化物流目标的要求进行剥离、重组、置换、联合或虚拟运作，以取得资源利用的整体最佳效果"是物流资源整合[19]。成耀荣对物流资源整合的定义则更加的笼统，他的界定是将原本相互联系却被分割开来进行管理的各种物流活动重新整合为一个整体[20]。董千里和成耀荣给出的界定可以为本书服务，可是他们对物流资源整合的理解中缺少对价值的理解。这也正是克里斯蒂娜·梅尔等（Cristina Mele et al., 2010）和宫大庆在研究时所考虑的，即认为物流资源整合就是整合价值链上的不同资源，实现价值的最大化[5][21]。然而，他们没有考虑对"整合"进行很好的阐述。

物流资源整合问题既是一个经济学问题，也是一个管理学问题，更是一个复杂的系统工程问题。目前对物流资源整合的理解中，尚缺乏对这三方面的综合考虑。所以本书将基于前人的研究成果，结合物联网、移动商务等新兴 IT 技术及环境的新变化，重新考虑物流资源整合的概念。本书提出物流资源整合是指在基本保持原来资源整体状态、不改变资源主要属性的前提下，在一定的时间和空间范围内，根据动态的市场需求，综合利用各种技术，将分散的物流资源进行重组、联合与集成，以提高物流资源效率、实现物流资源价值最大化及保护环境的过程。其中的各种技术包括互联网、物联网、移动商务等新兴信息技术。在新定义中既从经济角度出发，考虑了成本收益问题，又从管理角度出发，考虑了提高资源利用，实现了资源的组织和协调，还从系统工程角度出发，思考了人、物、环境三者之间的互动。

2.1.3　物流资源整合的方法

针对物流资源整合的方法，学者们的研究主要涉及了物流资源整合的分析维度、物流资源整合与优化的模型以及基于信息技术的物流资源整合方法等内容。

（1）物流资源整合水平的分析维度。

结合具体研究目的，学者们已从不同维度对物流资源整合开展了研究，丰富了物流资源整合研究成果，也为本书合理选择物流资源整合衡量维度提供了依据。

有学者从供应链角度研究了整合的分析维度问题，如伊夫·罗森茨威格等（Eve D Rosenzweig et al.，2003）在调研供应链整合衡量指标时，主要考察了整合是否与跨部门的管理、原材料供应商、分销商/零售商及客户有密切的联系，并得出供应链整合可以用客户整合、供应商整合及内部整合来衡量[22]。该研究成果被很多研究供应链整合的学者采用[23][24]，其中黄志耀等（Chee Yew Wong et al.，2011）运用该观点，在采用客户整合、供应商整合及内部整合刻画供应链整合的基础上，研究了环境不确定性情况下他们对供应链的配送、生产成本、生产质量及生产柔性的影响[23]。他们对供应链整合的定义是制造商与他的供应链合作伙伴的战略合作以及其协调管理内部和跨组织流程的程度。从定义中可以看到这类学者的研究重点主要是供应链节点企业间的合作，而本书物流资源整合的对象是有形的物流资源，所以他们对供应链整合水平进行衡量时使用的指标不适合本研究。弗兰克·亚当斯等（Frank G Adams et al.，2014）则是运用资源优势理论分析，指出协同与整合是操纵性资源，需要和被操纵性资源相结合，而被操纵性资源表现出的效果离不开操纵性资源。本书的物流资源整合正是体现了这一观点，本书的研究对象属于被操纵性资源，整合是操纵性资源，两者的结合才能实现推动企业物流资源整合水平的提高[25]。结合弗兰克·亚当斯等（2014）的研究，这里认为可以用被操纵性资源的表现效果来衡量操纵性资源的水平。被操纵性资源这里主要是指有形的资源，即本书研究的物流资源。

阿尔沙德·阿拉姆等（Arshad Alam et al.，2014）研究了物流整合在供应链绩效中的中介作用，他们在描述物流整合时仍然是以供应链整合为依托，并指出供应商参与、供应商合作关系长度及信息技术是影响物流整合的关键因素[26]。可见，他们把合作看作是影响物流整合的重要因素，且他们的研究过程依旧没有分析物流资源情况。阿尔沙德·阿拉姆等（2014）还认为供应链的整合是指企业重组流程来更好地分配、调整及使用内外部资源，重新配置的过程可以通过信息和流程的衔接及简化运作活动来实现。尽管他们对整合的定义较为贴切本书的理解，而且罗伯特·格伦·里奇等（Robert Glenn Richey et al.，2010）也指出整合的目的是通过合作实现运作的效率性和战略的有效性[27]，但这些作者都将合作看作是物流整合的手段。我国学者戴君等的观点与上述作者有所不同，他们进一步强化了信息和合作在物流整合中的作用，在分析第三方物流整合对物流服务质量、伙伴关系及企业运营绩效的影响时，指出可以采用信息共享和战略运营协作管理来衡量第三方物流整合水平[28]。他们的研究也与阿尔沙德·阿拉姆等（2014）的研究有相似之处，即研究重点仍不是物流资源，而是操纵性资源。本书在对物流资源整合进行研究时，也同样强化了合作的影响，认为企业间合作可以用来衡量物流资源的整合水平。

要注意的是，企业最终做出的是否进一步提升物流资源整合水平以及物流资源整合程度的决定更多地取决于其经济利润情况。所以企业的物流收益情况也将是企业衡量物流资源整合水平的一个重要维度。尽管很多学者认为经济利润情况是物流资源整合最终达到的效果[29][30][31]，但是本书认为应该从企业开展物流资源整合的目的出发，来刻画物流资源整合的水平。且从物流资源整合的概念研究中看到有学者从价值链的角度对其界定[5][21]，所以本书把物流资源整合带来的收益也看作是衡量物流资源整合水平的重要维度。

基于上述文献分析，对基于对象标识统一性的物流资源整合问题进行研究时，本书总结了前人的研究成果，选用物流资源利用水平、企业间合作水平及物流收益水平三个维度来衡量物流资源整合水平。指导企业进行物流资源整合还需要更为微观的整合方案和更为具体的数据说明，这是定性维度分析所满足不了的。为了补充研究的不足，还需要继续从定量的角度深入分析物流资源整合，这也是研究成果中的另一部分重要内容，即对物流资源整合与优化模型的探讨。

（2）物流资源整合与优化的模型研究。

对模型进行研究的学者一般会将现实问题先抽象化，然后运用定量计算得到更为有效的物流资源整合方法，他们通常希望通过不断地优化模型与算法来提高物流资源整合效果。梳理当前的研究成果可以发现，利用优化模型来进行物流资源整合的研究较多是运用多目标优化理论[32][33][34]、复杂科学理论[35][36][37]及博弈论[38][39][40]等来指导开展工作。运用多目标优化理论的学者重点解决物流资源整合决策和物流资源分配与优化方面的问题；使用复杂科学理论进行的研究主要通过模拟仿真来揭示现象产生的原因和形成合理的理论框架[41]，理论意义十分显著；采用博弈论的学者则一般从参与主体利益的角度出发，通过分析企业之间博弈关系引起的决策变化，来得到相关问题的合理策略。在物流管理中很多问题难以用单一的指标来衡量优劣，而是需要多个指标来比较，物流资源整合问题就是这类问题中的典型。并且本书的研究重点在于实现多方面优化效果下的物流资源整合，所以将主要采用多目标优化理论进行物流资源整合的模型研究。分析运用多目标优化理论开展的研究，可以看到一部分研究关注构建的多目标优化模型是否符合应用需要及能否提升应用效果，另一部分研究关注算法的改进，其中前者更多的是重视目标函数的选择及变量的选用。

为了使模型科学、合理，学者会首先明确物流资源整合要实现的具体目标，然后再有针对性地构建多目标优化模型。结合不同的应用需求，他们对物流资源整合目标的选取上各有不同。潘峰等主要关注了整合后企业对客户需求的响应时间，选取了时间和成本作为目标函数来整合物流网络资源[42]。王旭等具体以满足物流任务的需求为依据，增加了对服务的考虑，选择了时间、成本、质量和服务为物流资源整合优化模型的主要决策目标，并运用了遗传算法对模型进行求解[43]。陈桂贤和苏川曾（Kuei - Hsien Chen & Chwen -

Tzeng Su，2010）也考虑了服务情况，以成本、负载容量和服务质量为目标，运用改进的粒子群算法对第四方物流的资源整合活动进行了优化[34]。刘江鹏更是直接地从服务的角度出发，以物流服务总成本、服务总时间、物流服务满意度为决策目标[44]。相比之下，王晓立和刘琼等（Qiong Liu et al.，2014）更为关注有时间窗的情况，王晓立等考虑了物流资源整合后供应链节点企业的总体满意程度，他们采用了供应链总体满意度和服务集成商物流成本为决策目标[45]；刘琼等（2014）直接选择以服务时间、服务成本及最短延迟为目标进行资源分配[46]。马吉德·拉梅扎尼等（Majid Ramezani et al.，2013）结合当今社会对物流资源利用情况的重视，在模型构建过程中考虑了正向物流与反向物流的结合，设计了以利润、客户反映及服务质量为目标的整合模型，他们的研究使人们认识到资源利用率在今后的整合中将会扮演重要的角色[47]。姚建明从供需服务能力的视角，以资源整合的时效性、能力匹配情况及整合后处理个性化物流服务的成本与实现为目标，研究了网购供应链资源整合[48]。这里的能力匹配问题也反映出对资源利用的考虑，可见资源利用与需求匹配在物流资源整合中的地位越来越重要。这些学者的研究表明，当前物流资源整合的研究重点，主要集中在以最低的成本和最短的时间提供更好的物流服务上。同时也有人意识到了资源利用率的重要性，但这一需求只是通过服务得到间接表现，对在保证服务基础上资源利用水平的提高关注不足。综合上述研究，本书结合物流资源整合的衡量维度，遵循抓住主要矛盾，舍弃次要矛盾的原则，基于已有成果，采用物流成本、服务时间及物流资源利用率为物流资源整合的三个目标，以探究恰当的物流资源整合方案。

当然，不论是以何种目标建立模型，最终都是希望通过求解模型来得到最终的整合优化方案，所以在多目标优化问题中算法改进方面的研究也很丰富。学者已经对多目标优化传统算法[49]、遗传算法[45]、粒子群算法[34][50]、禁忌搜索算法[51][52]、蚁群算法[53][54]等开展广泛的研究。这些研究为求解多目标优化模型提供了丰富的理论方法，也为合理选择算法提供了依据。由于本书分析的科学问题具有候选方案规模较大、求解较复杂的特点，因此在求解多目标优化模型时，将考虑使用恰当的智能算法进行计算求解，以给物流资源整合的管理提供决策支持。

（3）基于信息技术的物流资源整合方法。

菲利普·沙里和詹姆斯·科克利（Philip B. Schary & James Coakley，1991）认为信息技术正在改变物流组织性质，影响组织间关系和降低交易成本[55]。物流业的发展验证了这一观点，信息技术使物流正朝着扁平化、敏捷化、合作及整合的方向发展。芭芭拉·丁特（Barbara Dinter，2013）分析指出信息物流的成功因素在于信息带来的综合性、灵活性、支持、沟通、IT战略定位、IT合作伙伴及项目协同[56]，而信息的这些作用恰是物流资源整合所需要的支持。因而要充分发挥信息资源创造的经济价值和社会价值[57]，增强信息在物流运营中的价值创造能力。信息技术驱动物流资源整合的趋势越来越显著，该现象也正被越来越多的学者关注。

在物流资源整合中采用的信息技术主要有互联网（Web）技术、网格技术、云技术、对象标识及其他信息技术。其中，Web技术、网格技术及云技术主要被用来进行信息系统整合优化[58]和信息平台改进[59][60]，虽然这些措施在提高物流资源整合水平上取得了一定的成效，但尚无法从根本上克服信息沟通不畅给物流资源整合带来的阻碍。原因在于这些方法主要研究通过间接技术来解决信息通信问题，没有抓住问题本质。所以在物流资源整合中沟通问题依然存在，尤其是物联网环境下物流资源借助信息技术具有了智能性，信息特征突出，各类物流资源信息出现爆炸性增长，海量物流数据出现，更加剧了该现象。陈永平等指出在大数据时代环境下，信息聚合为供应链信息资源的梳理与萃取提供了必要的条件[61]。但信息聚合要建立在能够沟通的基础上，因而李光凤研究则从基础支撑上指出异构数据源的有效整合是物流经济公共信息平台建设的关键[62]，单丽辉等也指出信息时代的物流资源整合需要实现信息跨要素边界的融合来帮助提供前提条件[63]。所以物流资源整合非常需要减少异构数据、克服信息表达不一致的问题。

张红等通过使用统一的二维条码，解决了医药行业物流管理系统以往棘手的传输数据、降低成本、缩短送货时间等问题[64]。从该研究中可以看到，解决信息技术快速发展下物流信息的统一表达非常重要，对象标识是解决物流信息表达的重要手段。尽管各企业在解决信息表达不一致问题时，在内部采用了统一的对象标识，但企业之间的对象标识形式会出现各不相同的情况。这就带来了企业间不同形式的对象标识引起的信息沟通障碍，产生该现象的原因在于企业间的对象标识不统一。佳瓦特·马鲁希·萨德鲁德（Javad Majrouhi Sardroud，2012）也运用了对象标识来解决具体物流资源的信息表达问题，他们使用的方法中，RFID、全球定位系统（GPS）、和通用分组无线业务（GPRS）技术的结合可以为材料、组件及设备的唯一标识方便地提供极低的成本、免费的基础设施和易于实现的解决方案[65]。该研究体现出对象标识在克服物流资源整合中信息表达不一致问题上的有重要作用。所以，本书在对物流资源整合研究时提出要从根本上解决信息表达问题，结合对象标识统一性来促进物流资源整合进程。

2.2 物流资源整合中对象标识研究

对象标识是获得信息的技术手段，它通过把货物信息进行数字化来支持企业方便地获取数据，以实现在网络环境中对物流资源的控制与管理。物流资源整合领域应用最多的对象标识就是一维条码、二维条码、RFID。但不同的对象标识具有不同的信息编码结构，如以一维条码为载体的商品条码、物流条码，以二维码为载体的数字、文字、符号，以 RFID 标签为载体的电子产品代码（Electronic Product Code，EPC）、泛在识别码（Ubiquitous Code，Ucode）、对象标识符（Object Identifier，OID）等。由于在物流资源整合中使用的对象标识多样，有学者就针对物流资源整合中对象标识进行了研究，有些学者对使用的某种具体对象标识进行分析，有些学者研究将多种对象标识组合使用以期达到更好的效果，还有些学者提出需要对象标识实现统一以推动物流资源整合。

2.2.1 物流资源整合中单一对象标识

物流管理是对货物流动过程的管理，所以要对物流资源进行整合，就需要物流活动中各环节的物流数据提供支撑。对象标识可以实现对各类数据的采集，因而物流资源整合成为了对象标识的重点应用领域。很多学者对物流资源整合中的单一对象标识开展了研究，主要涵盖了一维条码、二维条码及 RFID 的内容。

条码是物流领域中应用最为广泛的一类对象标识，尤其是 GS1 的一维条码标准已经在全世界范围内的商业零售企业内得到了推广，并取得了较好的效果，但它在生产企业和服务企业内的应用还不够理想。龚贺就针对 GS1 的一维条码在商业连锁企业物流管理中的应用进行了研究，指出一维条码有利于提高物流效率，有利于企业间的合作[66]；大卫·克洛斯和徐克峰（David J. Closs & Kefeng Xu，2000）在研究中也指出一维条码可以帮助制造企业提高企业竞争力[67]。但他们的研究都只针对了条码在物流过程中的单一企业的应用，尚没分析在跨企业物流资源整合中的应用情况。除了 GS1 的一维条码标准外，还存在其他的编码标准在同步发展[68]，这种编码标准的不统一会限制物流资源整合水平的提高。吴青认识到了条码不统一的影响，研究了运用条码进行信息流、实物流同步融合的架构[69]。该研究仍然局限在单一企业内部，依旧对企业间的合作与整合没有涉及。这些研究让我们看到，对一维条码的研究仍然集中在企业内部，而且一维条码存在不同标准带来的信息结构问题。

一维条码能够储存的信息容量和信息形式有限，导致物流活动某些环节的需求得不到满足，故近年来二维条码凭借其容量和容错能力的优势得到了快速发展。二维条码在物流活动的推广应用，使得全面记录货物的物流信息成为可能，这也为实现物流资源整合中的产品追踪和溯源提供了重要的手段。阿默德·穆萨等（Ahmed

Musa et al.，2014）的研究就指出二维码可以帮助实现可视化的供应链，这种作用能帮助企业实现对产品的追溯[70]。赵卓等指出农产品供应链追踪追溯系统中的核心问题是如何标识农产品，他们指出快速响应码（quick response code，简称 QR 码）有助于农产品信息的标识[71]。该研究只针对 QR 码的结构等做了分析，未指出 QR 码应具体由谁来使用。郭建宏等在对蔬菜产品质量追溯进行研究时指出基于二维条码的追溯系统可以脱离网络单独运行，但供应链参与主体地理位置分散[72]，因而将二维条码和网络相结合使用会更加适合，他们的研究依旧没有指明二维条码需要哪些企业怎样进行使用。所以从应用情况来看，不论是一维条码，还是二维条码已经被普遍地用于物流具体操作环节。但企业间的互操作问题仍然缺乏探讨，且条码的编码结构多样将影响信息流通，这也影响企业间物流资源的协调与分配。

相比条码，RFID 在物流活动中的应用起步较晚，但 RFID 可以通过改善损耗、优化操作流程、提高信息准确性和处理速度[73][74]，来帮助企业进行物流资源的优化与整合，所以 RFID 现在正处在快速发展的阶段。如有学者研讨了基于 RFID 的仓储资源管理系统，指出 RFID 可以帮助有效地分配仓储资源[75]，所以 RFID 对企业内部的物流管理有着正向影响。李琳等从整个供应链角度出发分析了基于 RFID 的鲜活农产品供应链决策，着重考虑了实体数量损耗及价值新鲜度损耗的改善[76]。他们在研究过程中考虑让供应链各参与企业都采用 RFID，没认识到 RFID 是否能被各个企业识别。张李浩等深入探讨了投资 RFID 对供应链收益的影响以及企业应采取的协调策略，但他们与李琳等的研究存在同样的问题，即没有考虑 RFID

的识别情况[77]。尽管 RFID 能给物流资源整合活动带来诸多益处，可是 RFID 还存在应用成本高、信息安全性差等问题，所以实际的应用推广过程缓慢。李素红等（Suhong Li et al.，2010）还专门分析了 RFID 在供应链应用中的阻碍、动机及挑战，为企业合理采用 RFID 进行供应链方向的物流资源整合提供了支持[78]。

从现有的研究中可以看到，单一对象标识已经在物流领域的很多方面得到了应用。但是物流资源整合是一个涉及多个环节、多个企业及多种资源的物流活动，因而单一对象标识常常仅能在某些环节起到信息采集与数据交换的作用，不能满足物流资源整合的全部信息需要。这将导致在物流资源整合的不同环节，出现使用不同形式的对象标识的情况，这正是目前学者研究的另一个热点，即物流资源整合中多种对象标识的组合使用。

2.2.2　物流资源整合中多种标识组合

为了克服单一对象标识在某些环节中应用的局限，将对象标识和通信标识、信息技术综合起来使用，用以帮助完成物流资源整合活动，是当前研究中的又一重要内容。在综合使用的过程中，较为常见的标识组合为 RFID 与条码、RFID 与无线传感器网络（Wireless Sensor Network，WSN）、RFID 与 Web 技术，RFID 与网格技术等，能集成使用 RFID、条码及 WSN 三者的研究较为少见。

马尔特·施密特等（Malte Schmidt et al.，2010）分析了汽车物流中条码与 RFID 的共存现象[79]，他们主要是采用了技术接口的手段来研究如何使这两种对象标识信息被兼容使用。条码与 RFID 的共存问题不仅在汽车行业存在，在制造业[80]、农业[81]等社会各个领域都有体现，因而如何解决两者的兼容值得深入探讨。东红信等（Tae – Hong Shin et al.，2011）构建了建筑行业基于 RFID 和 WSN 的面向服务的供应链信息整合框架，通过中试结果表明与传统的供应链管理相比这个框架提高了 32% 的时间效率[59]。刘国梅和孙新德结合 WSN 和 RFID 技术的优点，提出了一种基于 WSN 和 RFID 的农产品冷链物流监控追踪系统。该系统能够实现农产品所处环境以及农产品品质的实时监测，提高冷库管理与配送的效率和准确性[82]。在 RFID 与 WSN 的组合过程中，RFID 被用来记录货物信息，WSN 作为通信标识被主要用来采集温湿度信息，所有信息通过智能节点将传输到数据中心。尽管这种组合为管理者提供了实时监控物流过程的方法，但它能否支持不同企业间实时的必要的物流信息通信还缺乏相关研究。

在与信息技术的结合上，哈里·乔等（Harry K. H. Chow et al.，2007）运用 RFID 设计了"过程可视化"的通用模型来反映物流过程状态，并基于 Web 技术在供应链参与方之间进行共享[83]。这类研究主要是解决如何将已采集到的对象标识信息进行共享，而没有很好地解决如何将不同结构的对象标识信息进行共享。RFID 与网格技术结合的研究也是分析了前者，同样没有设计如何运用异构信息支持物流资源整合。

尽管不同标识的综合运用对提升物流资源整合水平有帮助，但是在它们的支持下各企业、各环节货物的对象标识信息能否实现相互通信尚不得而知，如何利用这些获得实时信息来指导物流资源整合也缺乏深入的探讨。观察当前的实际运用可以发现，获取信息依赖的设备隶属于不同机构，且隶属于不同机构的设备之间还不能实现互相的通信，这些将大大影响对信息搜索的成功率和准确率[84]。如果直接针对数据源的异质性、数据的高度分散性开展研究[85]，可能会使得成功的唯一识别与定位货物变得简单。当企业获取信息的过程变得容易时，相应会带来如何利用这些对象标识信息进行物流资源整合的问题。

2.2.3　物流资源整合中对象标识统一

从上面的分析中看到，一维条码、二维条码及 RFID 等对象标识在各自领域发展都很迅速，但它们之间的统一问题仍然没得到较好的解决，影响了物流资源整合的纵深发展。实业界认识到了对象标识统一性的重要，已经采用统一的商品条码标识了 300 多万种产品。但物流活动中货物信息常常与多种物流资源相联系，故其对象标识信息的异构问题相比零售领域更为严峻。行业领先企业逐渐意识到了对象标识统一的重要作用（如烟草企业），它们正在积极推动对象标识统一的深入发展。有人认为 EPC 可以满足物流活动对对象标识统一性的需要，针对 EPC 在物流领域的应用进行了探讨[86][87]。由于 EPC 是一个付费服务，所以会影响企业管理者的决策。但有学者认为需要根据具体情况采用有针对性的对象标识统一方法，如梁正平等（2010）提出了符合国际物品编码组织（EAN·UCC）标准的三维编码方案，对食品生产和流通的各控制点进行统一标识[88]。

《实现物联网的愿景和挑战》（*Vision and Challenges for Realising*

the Internet of Things）中也指出编码标识方案的互操作性急需解决[89]，但如何形成统一的对象标识方案在报告中尚未阐述。从近一段时间来看，对象标识的研究重点应该放在全局统一的兼容的编码标识方法上[90]。有学者对对象标识统一体系进行研究，但研究内容仍然主要从编码标识方法的角度开展[91]，或者只是形成理论架构[92]。对具有兼容性的对象标识方案的研究主要从编码标识和物联网寻址的角度展开，集中在网上信息的处理过程。在编码标识方面，研究人员侧重于从编码角度研究标识的统一化[93][94][95][96]，如中国物品编码中心 2014 年发布了在物联网标识体系的物品编码（Entity code，Ecode）标准，用以指导对象标识的统一。刘潇潇就运用 Ecode 对食品供应链单品追溯管理系统进行了分析，展示了 Ecode 在实际运作中的使用[97]。该标准通过分配标头的方式进行统一化，为人们研究对象标识统一化提供了思路。物联网环境下的物流资源整合还需要对象标识能够用来进行网络寻址，以便于查询数据库中的相关信息，这就带来从在物联网寻址角度进行探讨的需求。

在物联网寻址方面，研究主要集中于通过转换机制[98][99][100]发现网络中已存在的信息。孔宁通过引入标准识别码解决不同编码标准带来的寻址困难，但该解决方案是基于互联网的发现机制，是否能应对物联网庞大的信息转换还未知。佩德罗·马丁内斯·朱莉娅和安东尼奥·斯卡梅塔（Pedro Martinez-Julia & Antonio F. Skarmeta，2013）认为未来的网络是一个动态的、无主机节点的网络，需要灵活的命名机制与发现机制[101]，他们试图通过将标识符和定位符进行分离来适应动态网络的发展趋势[102]。然而，学者们认为基于 IP 的地址太长不适合小型嵌入设备。当前物流系统的设计是基于互联网的严格的基于主机的信息发现机制，所以本书认为实现对象标识的统一不能脱离了互联网的应用环境。

另外，物联网的发展推动了用户对物流过程中位置信息的需求，因而对象标识除了要满足信息寻址的规则以外，还应该考虑如何帮助实现对象位置信息获取。为了符合未来网络对位置的需求，来文燕和杨华荣（2013）在编码中加入了位置信息，以期解决逻辑位置与物理位置相分离造成的不必要路由开销[93][94]。这类研究的思想是直接对位置进行编码，EPC 中的全球位置码就是利用了该思想。但物流资源整合过程中的货物位置是动态变化的，所以本书认为直接对位置进行编码不适用于物流资源整合，对位置信息的获取仍然需要利用对象标识在物联网上进行寻址获得。因此本书将基于互联网的发现机制，结合物流资源的物理位置信息，把识别设备所感知到的数据组成的网络作为整合物流资源的主要信息来源，采用 OID 标准，全面分析物流资源整合中货物的编码信息组成，提出具有兼容性的对象标识统一化方案。本书中在解决不同对象标识的兼容问题上尽量采用国际化的标准技术，以实现信息资源的融合与维系。

总体来看，对象标识在物流资源整合过程中得到了一定的重视，但是随着不同环节对象标识的应用推广，对象标识不统一引起的信息沟通问题将会越来越凸显，这阻碍了物流资源整合的进一步提高。为了缓解该问题，现有研究中已经有学者开始对物流资源整合中的对象标识统一性进行探讨，但相关的研究成果是否适用于物流资源整合、物流资源整合在对象标识统一下的改善效果等尚需论证。因而物流资源整合中对象标识如何实现统一和在对象标识统一的发展趋势下怎样进行物流资源整合等都是该领域急需突破的难点。

2.3 对象标识统一性对物流资源整合的影响

对象标识可提高有效的、准确的物流资源信息的获取量，帮助实现资源的高效运作；还可以推动信息共享范围扩大，以促进资源拥有者间的信息沟通量[103]。学者们已经认识到了对象标识的重要作用，因对象标识主要作用于物，所以学者特别注重对象标识对物流业的影响。他们认为对象标识能够捕获动态数据[104]，尤其是RFID作为提高数据处理过程的方法已被广泛接受[105][106]。还有学者探讨了推广应用对象标识存在的困难[107]，指出对象标识应用的挑战广泛存在于组织内和组织间[108]，如标准的不统一、数据共享问题等。这些研究一定程度上反映了对象标识在物流中的作用，但在尚未分析对象标识统一性的影响。丹尼尔·普拉乔戈和简·奥尔哈格（Daniel Prajogo & Jan Olhager，2012）进一步指出物流整合需要信息整合支持，阐述了信息技术对整合的重要影响，并指出必须将信息整合转变为物理的物流整合才能提高运作绩效[29]。但他们只阐述了信息技术的作用，没有明确对象标识统一性的影响。亨里克·帕尔松和奥拉·约翰逊（Henrik Pålsson & Ola Johansson，2009）则通过对瑞典制造企业调研发现，具有唯一对象标识的商品对供应链整合有积极影响[109]，指出唯一对象标识有助于物流的协同，对象标识对物流绩效有显著影响，它对提高库存管理水平和物流服务水平，减少资源浪费有正向作用[73]。

从上述文献中可以看到，国内外学者在对象标识对物流资源整合的影响方面已经进行了一定的研究，认识到了对象标识是物流活动中的关键问题之一，证明了它可以为保证客体信息在物流资源整合过程中的可靠性、安全性、互操作性提供有效途径[110]。有学者已经指出对象标识不统一会阻碍物流资源实现跨行业跨区域的整合[111]，但对象标识统一性是如何影响物流资源整合尚缺乏研究，因此非常有必要分析对象标识统一性对物流资源整合产生的影响，本书将对该研究缺陷进行探讨。物流资源整合是一个系统工程，要研究对象标识统一性对其影响应需要用系统工程理论进行指导。另外，利用数据分析得到的结果会较为科学。基于上述考虑，本书在研究对象标识统一性对物流资源整合的影响时，采用系统动力学进行量化分析，同时还将使得定性分析与量化研究相结合，以得到合理的研究结论。

系统动力学是系统科学理论与计算机仿真紧密结合、研究系统反馈结构与行为的一门科学，它能在保留实际过程丰富性的同时揭示不同变量控制下的系统动态结果。对于难以界定的变量间非线性关系，系统动力学中还提供了表函数的解决方法。因而本书选用系统动力学的方法对对象标识统一性对物流资源整合的影响机理开展研究，一方面能克服部分数据难以通过调查问卷获得的困难，另一方面也能动态地反映出当对象标识统一性发展变化时物流资源整合的变化趋势。

本书将基于对象标识统一性对物流资源整合的影响机理研究看成是一个系统工程问题，以计算机仿真技术为手段，运用系统动力学来反映对象标识统一性与物流资源整合之间的关系，可以为本书的后续研究内容提供强有力的必要性分析和理论支撑。

2.4 小　　结

本章梳理了本书研究领域内的相关文献，主要对物流资源整合的基础研究、物流资源整合中的对象标识及对象标识统一性对物流资源整合的影响等方面的研究现状进行了综述。通过文献分析发现，目前对物流资源整合概念的界定不能满足本研究的需求，因而需要重新界定物流资源整合的概念；在现有研究成果中，物流资源整合的分析维度多样，建模方法众多，其中多目标优化是解决本书研究问题的一个有效方法。物流资源整合中对象标识的研究情况反映出，在物联网环境下对象标识对提高物流资源整合水平有重要意义，但在现有的物流资源整合研究中对对象标识统一性考虑不足，基于对象标识统一性的物流资源整合问题值得做进一步的探讨。另外，对象标识在物流资源整合中已经得到了推广应用，且人们已经认识到多种对象标识带来的不统一问题会影响物流资源整合效果，可是对象标识如何进行统一，对象标识的逐步统一会与物流资源整合之间产生什么样的作用，还没得到深入的分析。故本书将针对上述研究的不足，逐一开展分析，以补充物流管理理论的内容。

第3章

物流资源整合及其对象
标识问题分析

　　物流资源整合是帮助企业实现物流高效运作的关键之一，也是企业提升市场竞争力的重要手段。在物联网环境下，企业可以借助对象标识来获取准确及时的货物信息，用以指导企业开展物流资源整合。由于当前尚缺乏对物流资源整合及其对象标识相关问题的系统分析，所以会给研究基于对象标识统一性的物流资源整合问题带来困难。基于上述考虑，本章将对物流资源整合进行一般描述、对对象标识运作原理进行阐述，明确物流资源整合特征、目标、基本结构和衡量维度，以及对象标识的内涵、概念模型、运作过程及存在问题。并利用上述基础分析，探讨构建基于对象标识的物流资源整合分析框架，用于探究两者之间的相互作用。最后，通过研究企业物流资源整合中的对象标识应用现状，揭示企业对对象标识统一需求的迫切性。本章的研究内容将为深入分析基于对象标识的物流资源整合问题奠定基础。

3.1 物流资源整合的一般描述

3.1.1 物流资源整合的特征

物流资源整合是指在基本保持原来资源整体状态、不改变资源主要属性的前提下，在一定的时间和空间范围内，根据动态的市场需求，综合利用各种技术，将分散的物流资源进行重组、联合与集成，以提高物流资源效率、实现物流资源价值最大化及保护环境的过程。其中技术包括互联网、物联网、移动商务等新兴信息技术。从该新概念中可以看到，企业应该根据动态变化的市场需求进行物流资源整合，在这个过程中可以利用各种信息技术来获取信息支持；也可以通过市场、合作等各种方式来获得物流资源。市场物流需求的动态变化以及环境保护的要求会增加整合复杂性，所以物联网环境的物流资源整合表现出以下特征：

（1）市场化。在现代市场经济中，当企业面对客户个性化、敏捷化的需求时，常出现自身拥有的资源不能满足市场要求的情况。这时企业就需要创造性地通过各种途径、按照一定的规则，到市场中去灵活地、非固定性地整合吸收自己所需要的资源，以克服资源的限制，从而为顾客创造价值[112]。这种运用市场化机制配置社会中物流资源来满足客户需求的行为，已成为物流资源整合的一个突出特征。

（2）信息化。当前企业纷纷采用信息技术，对物流资源整合过程中产生的信息进行处理，明显提高了物流资源整合的信息化水平。特别是当前工商企业采用对象标识的比例越来越大，货物管理的信息化现象越来越显著；物流企业则更是一直对对象标识有着较高的关注。物流手机端应用程序的投入运作，也进一步地提高了物流资源整合的信息化水平。总体来说，现今物流资源整合的信息化特征十分明显。

（3）动态性。在市场经济下，来自客户的物流需求呈现出动态变化的特征，动态的物流需求引起物流资源整合方案和参与物流资源整合的企业随之变化。另外，由于在不同的时刻，每个物流资源的使用状态不同，因而会导致不同物流任务还面临能有效提供服务的物流资源也是变化的。所以说，物流资源整合是一个动态过程，它具有显著的动态性特点。

（4）快速性。现代市场竞争不仅是"大鱼吃小鱼"的问题，还存在"快鱼吃慢鱼"的特征，所以精准快速地满足终端消费者需求，是企业获得市场优势的重要手段。物流活动中出现的小批量、多批次的碎片特点，也正在反向倒逼企业尽快实现快速整合物流资源。如小批量货物若由供应商直接配送，会导致运输规模效益难以形成，运输工具空载率高，运输成本增加，物流时效性差的问题。这就要求企业要快速抽取恰当物流资源，精准配置，提高服务速度，以获取竞争优势。

（5）复杂性。企业物流资源整合不再局限于传统组织内的部门职能及岗位职责，而是更加重视跨部门、跨组织的适应性黏合或聚集[112]，所以跨域的物流资源整合比一般单个企业的结构模式更为复杂。另外，需求的动态性、信息的不确定性及外部影响因素的多样性等，进一步增加了物流资源整合的复杂性。

物流资源整合所表现出的市场化、信息化、动态性、快速性及复杂性的特征，一方面反映出物联网技术给物流资源整合带来了挑战，另一方面也反映出企业在整合物流资源提供服务时，常需要同时完成多个目标。

3.1.2 物流资源整合的目标

企业进行物流资源整合时，可利用的物流资源主要包括社会公共的物流基础设备设施、市场交易获得的暂时提供服务的物流资源和以互利互惠为前提的合作企业的物流资源三种类型。不同类型的物流资源在使用成本、服务水平及资源利用情况上存在差异，因而企业需要根据整合目标来指导物流资源配置。特别是在物联网对象标识兼容化发展的影响下，货物的信息沟通壁垒将被打破，通过整合物流资源实现企业间资源优势互补和全面提升物流服务水平成为可能。企业要结合自身对物流资源的需求情况，在保证完成每项具体物流活动的前提下，利用物流资源整合实现自身效益提升、物流资源利用率提高、物流服务质量改善和达到合作企业间的互利共赢。

（1）实现效益提升。企业要充分利用物联网环境中及时准确的货物信息，恰当开展企业间物流资源整合。目的是通过调动各方物流资源快速完成物流任务，把企业外部物流资源的优势转化为自身优势，避免物流投资带来的成本增加。此外，对网络信息进行数据挖掘，也是控制物流成本的重要手段。企业要通过对各类货物信息的收集和处理，有效减少冗余的物流作业活动和环节，消除物流过程中的操作延迟，最终实现企业物流成本降低和效益的提高。

（2）提高物流资源利用率。通过物流资源整合，各企业的物流资源能够形成优势互补，以促进物流资源的高效有序流动，引导企业物流活动趋于合理化，削弱物流资源重复建设情况，减少物流资源闲置比例，提高物流资源利用率，改善物流资源整合不科学现状。

（3）提高物流服务水平。物流活动的最终产品就是服务，所以物流资源整合的最终目标之一就是通过提高物流服务的准时性、及时性，动态地适应客户的个性化需求，实现物流服务水平提升。更好地满足客户物流服务需求，能够改善客户对物流服务满意程度，这也将推动物流资源整合的进程。

（4）实现合作共赢。物流资源整合需要企业间协调运作，允许相互利用对彼此有益的物流资源，使各企业的物流资源能充分发挥其优势，使合作企业都能得到相应的经济利益，最终实现合作共赢的目标。

3.1.3 物流资源整合的基本结构

唐纳德·丁·鲍尔所克斯等在《物流管理——供应链过程一体化》中提出的配置理论，强调了物流位置、仓库位置及类型、运输节拍、库存节约、物流战略的制定方向。随着研究深入，物流资源整合不再仅限于上述方面，开始扩展为企业间的跨域综合整合。这种趋势的形成主要受到企业的物流资源发展战略影响，因为在不同发展战略中企业会签订不同的协议合同，与合作企业形成不同的合作关系。一旦合作关系形成，企业间物流资源的整合方式也就随之明确。所以这里根据企业物流资源发展战略将物流资源整合归为纵向、横向及网状三种基本结构。

（1）纵向物流资源整合。

为了降低经济活动使用资源的成本、提高自身核心竞争力，企业常常保留核心业务，分离非核心业务给上下游企业。在这个过程中，企业的专业化分工越来越明晰，这同时也促使企业沿着供应链的方向进行纵向整合。由于物流活动一般是企业的非核心业务，但它又是纵向整合的一个重要方面，所以将物流资源沿供应链进行纵向整合成为发展趋势，这也将给企业提供更加符合需要的专业化物流服务（如图3-1所示）。参与纵向物流资源整合的企业通常具有拥有物流资源、参与供应链物流活动的特征，他们一般会与上下游企业签订有关于物流资源使用方面的协议。

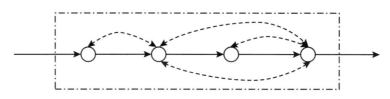

图3-1 纵向物流资源整合

在市场竞争体制下，利用纵向物流资源整合可以让生产制造企业更加稳步地发展生产，让分销零售企业更加有序地安排供销计划，让物流服务企业更加合理地使用资源提供服务；使供应链各环节停顿节点（如仓库、配送中心、站场等）的物流资源协调运作；还能保证物流运动过程与停顿过程的紧密耦合，减少不必要的转换与等待时间，实现物流资源的顺畅衔接。企业间常出现的纵向物流资源整合类型有：生产制造企业 + 物流服务企业、分销零售企业 + 物流服务企业、生产制造企业 + 分销零售企业 + 物流服务企业。通常情况下，纵向物流资源整合的规模效益，由整个供应链的协调运作水平体现。

（2）横向物流资源整合。

当今市场中的客户需求呈现个性化和复杂化特征，企业要适应市场变化、抓住市场机遇，单靠一己之力难以实现，这促使了同类企业开始利用市场寻求合作伙伴。目的是开展互补性合作，把分布在不同地区的同类物流资源进行合理配置，最终提高合作企业整体的规模经济、服务水平以及物流运作效率。本书把能提供同类物流服务的企业可以看作是同类企业，他们在管理上是自治的，地理位置上是分散的。这里把这种在某一环节上开展物流资源整合界定为横向物流资源整合，具体表现形式为同类企业间的联盟。总体来看，参与横向物流资源整合的企业通常具有拥有物流资源、物流服务内容相近的特征，他们一般会与同类企业签订有物流服务合作方面的协议。

同类企业的横向物流资源整合内容一般会从单一化合作到多元化合作逐步推进，直至发展为多种业务的区域长期合作。企业间的合作关系越紧密，横向物流资源整合的效果越显著。因而，横向物流资源整合的特点是随着合作加深，各类物流资源将有效地在物流环节中得到调配（如图 3 - 2 所示），并在整合范围扩大的同时呈现出相互影响的趋势。与纵向物流资源整合类似，横向物流资源整合的规模效益主要通过同类企业的协调运作水平来体现。

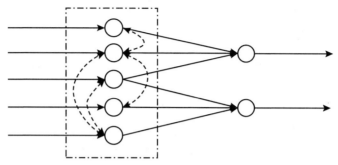

图 3 - 2　横向物流资源整合

（3）网状物流资源整合。

在物联网环境下，企业可以方便地了解到各类物流资源的情况，同时也会带来物流资源整合的复杂化。这是因为信息的便利使得企业同时参与到多条供应链活动成为可能，即便在某一环节的物流活动中，企业也会面临有多个合作企业的情况。这在物流活动中具体表现为物流资源整合结构的网络化，即同时包含了纵向和横向物流资源整合两种情况的网状结构。从图 3 - 3 中可以看到，在网状物流资源整合结构中，在沿着供应链方向存在纵向物流资源整合过程，在某一个具体环节存在横向物流资源整合过程。这种交错现象增加了物流资源整合的复杂性，进而呈现出网状物流资源整合的状态。

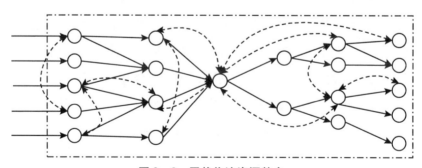

图 3 - 3　网状物流资源整合

要实现网状物流资源整合的有效运行，必须要有良好的信息资源规划做保证，有合理的物流资源整合方案做支撑，否则网状物流资源整合在成本、效益及物流资源利用水平等方面的效果会因为缺乏沟通而无法显现。所以网状物流资源整合的规模效益，不是纵向物流资源整合和横向物流资源整合表现出效果的简单叠加，而是通过整个物流活动的协调运作水平体现。

对物流资源整合基本结构进行分析，可以使人们能够全面清晰地了解物流资源整合的形态。为保证对物流资源整合研究的真实性和全面性，后文将对纵向物流资源整合、横向物流资源整合和网状物流资源整合的具体情况进行针对性分析。

3.1.4　物流资源整合水平的衡量维度

要在激烈的市场竞争中生存，企业一方面需要越来越多的信息来支持自己做出合理的决策，进而提高自己的核心竞争力，满足客户需求和增加企业利润；另一方面还要广泛开展合作，与其他企业形成优势互补，保证合作双方的市场占有率及盈利能力。在这种市场环境中，企业如果仍然只整合内部物流资源，而不与其他企业合作开展整合工作，将很难获得足够信息来抵抗竞争压力，市场份额将会流失，资源会出现闲置，最终导致企业利润的损失。因此，企业物流资源整合需要逐步由内部转向外部，进行跨域物流资源整合[113]。跨域物流资源整合是一个复杂的系统工程，它对企业、行业及国家都有着十分显著的积极作用，因而社会各界都在积极地推动其发展。要促进物流资源整合水平的提升，除了需要了解当前环境中物流资源整合的特征、目标及基本结构外，还要充分掌握物流资源整合水平的维度，以便于挖掘出有利于提高企业物流资源整合水平的方法与措施。从第2章中的文献综述中可以看到，本书主要采用物流收益、物流资源利用及企业间合作这三个维度来衡量与反映物流资源整合水平。

（1）物流收益水平。

探讨在客户满意服务水平下，物流资源的低成本高效地整合运作，实现物流资源个体与群体、当前与长远的收益最大化，是物流资源整合需要着重解决的问题。西方经济学理论认为企业经济行为的基本目标和唯一动力就是追求自身利润的最大化，因此是否能增加整体收益直接反映企业物流资源整合的水平。具体来说：

①物流资源整合要能够让企业有效集成和利用物流资源，提升企业竞争力，使该企业在市场中更具有话语权；

②物流资源整合要通过减少信息不确定性降低企业的损失；物流资源整合的开展应该带来服务水平的提高[23]，刺激客户需求的增加[114]；

③物流资源整合要能通过改善企业信息沟通水平，降低物流资源管理成本、人力成本、运作成本等。

企业在收入、损失、需求及成本等这些方面的改善正反映着物流资源整合下物流收益的情况，这也是物流收益水平所包含的衡量物流资源整合的内容，所以物流收益水平可以用来刻画企业开展物流资源整合的水平。

（2）物流资源利用水平。

穆东分析指出我国物流行业资源配置存在巨大浪费，在资源使用、整合、实施过程中缺乏具体、明确、有效的指导[17]。但优化运输路线[115][116][117]、发展共同配送[9]、物流集成化等[118]可以缓解物流资源利用水平低下问题，这正是物流资源整合要完成的工作，即将分散的物流资源进行重组、联合与集成。余泳泽通过实证得到物流资源利用率可以影响物流效率[119]的结论，所以物流资源利用情况可以用来反映物流资源整合水平。物流资源整合应能够使物流资源的利用水平尽量实现以下几方面：

①物流资源减量化，即首先减少物流资源投入，其次是物流活动减量化，例如通过产业集群使相关企业发生聚集，减少物流活动。

②仓储资源利用合理化。高库存带来的问题不仅是资金成本的占用，而且包括存储带来的过期变质、破损、挪动搬运等仓储成本以及仓库本身对电能、建设钢材等的消耗。因此，要采取先进的管理方法指导合理利用仓储资源。

③运输资源利用水平改善。通过优化运输方式及运输路线等，避免浪费，节约资源。

这些需要的改善正反映了物流资源利用水平所包含的衡量内容，也就是既要考虑利用率的提高，又要体现各类资源使用减量带来的环境保护作用。另外，物流资源整合实现优化物流资源利用的过程，也是改善物流收益的过程，主要因为物流资源利用水平的提高会伴随着物流活动消耗的电、燃油等相关资源的减少[120]。

（3）企业间合作水平。

企业间跨域物流资源整合，需要企业间进行合作来提供保证，否则该活动难以开展。由此可见，跨域物流资源整合另一个重要内容就是与其他企业合作。

①合作可以促进企业间的信任、帮助解决冲突和风险共担，为物流资源整合的顺利进行提供基础支持；

②合作还会支持快速调配物流资源，使企业对市场需求作出快速响应、使参与物流资源整合的企业能为完成物流任务进行动态联盟；

③合作一方面可以使企业保存与利用自身原有物流资源；另一方面，还能实现合作企业间相互提供经营所需的其他物流资源，最终完成企业物流服务目标。

上述目标的实现需要开展物流资源整合的企业之间彼此详细了解需求、运作方式、战略目标，在战略和运营层面上相互协调。恰当的合作可以为目标协调及运作协同提供保证，有利于参与物流资源整合企业的合作目标实现。企业间合作水平的提升具体表现为物流环节衔接变得平滑、物流流程变得优化、物流服务时间得到缩短等，这也是企业间合作水平衡量物流资源整合效果的具体内容。

物流资源整合水平的三个衡量维度——物流收益水平、物流资源利用水平及企业间合作水平，切实地展现了物流资源整合的概念，揭示了本书在对物流资源整合研究时综合考虑的成本收益问题、资源利用问题及组织协调问题。可以说，这三个维度正是从人、物、环境三者之间的互动出发，对物流资源整合进行的系统刻画，为下文的深入研究奠定了理论基础。

3.2 物流资源整合中对象标识运作原理

3.1节的分析未描述物流资源整合中对象标识的情况。为此，本节将在明确界定对象标识概念前提下，针对对象标识概念模型、运作过程及存在问题进行研究，为后文分析物流资源整合与对象标识关系提供支撑。

3.2.1　对象标识内涵

当前社会在越来越多的场合可以看到"标识"这个词，而且常常将其读作标识（shí）。但在《辞海》里注："标识，即'标志'"，当我们在计算机上通过拼音法敲入"标识"时还会发现提示栏里明确提示标识（zhì），读作"标志"。也就是说，标识＝标志。人们在使用标识时概念混淆的情况比比皆是，在一些国家标准中也发现使用不当或使用错误的地方，因此有必要对对象标识的概念进行探讨。

依照《水经注·汶水》中的说法，古代的石碑就起着标志的作用。在《文选·孙绰〈游天台山赋〉》中李善注："建标，立物以为之表识也。"可见，标识与标志在中国古代是完全等同的。即使今天，中国工艺美术大辞典里注：标志是代表某一事物和事件的一种形象性记号。所以标识在传统文化中是名词含义，读音为标识（zhì）。但在现实应用中，有学者定义标识（shí）技术是对物品进行编码并自动识别的技术，如条码、RFID、声音识别、图像识别和指纹识别都可称为标识技术，他们采用编码与自动识别来解释标识[121]，表达了标识的动词意义。工业和信息化部电信研究院则根据标识在物联网中的作用对其进行刻画，认为物联网标识主要用于在一定范围内唯一识别物联网中的物理和逻辑实体、资源、服务，使网络、应用能够基于其对目标对象进行控制和管理，以及进行相关信息的获取、处理、传送与交换。该描述既反映了社会对标识动词用法的需要，又表达了其本身名词的内涵。综上所述，作者认为应该尊重我国对标识的传统理解，也要兼顾社会对标识内涵扩展的需求，因而标识应该有名词和动词两层含义。要针对标识的不同读法，给予动词和名词的两种解释，即认为标识表示将代码标示于载体并识别的过程，当标识读作"标识（zhì）"时其意同标志[122]。

在物联网中的标识主要分为对象标识、通信标识和应用标识三类。其中对象标识主要用于识别物联网中被感知的物理或逻辑对象。结合该描述，本书对对象标识进行更为具体的定义，即对象标识是指以实物或电子数据形式表现某一物所具有的属性或特征的符号或标记；将所形成的符号或标记标示于载体并识别的过程是对象标识的动词性解释。要注意完成对对象标识的识别，需要运用各种电子标签、传感器及配套的接口装置等。

3.2.2　对象标识概念模型

关注对象标识本身变化情况，而弱化网络处理过程时，就可以抽象得到对象标识概念模型[123]，如图 3 - 4 所示，其包含编码、标示、识别和解码四个触发动作。

图 3 - 4　对象标识概念模型

从图 3 - 4 中可以看到，在该概念模型中既体现了对象标识的名词性含义，又表达了对象标识的动词性使用情况，它能够直观完整地表达对象标识的内涵。下面对概念模型进行具体的解释。

当货物信息需要被自动化采集时，首先需要对其进行编码，使其形成能被计算机识别的代码。代码的编码过程需要遵循一定的标准，且要求可以唯一地表示某一个货物。代码生成后必须要与货物相结合，否则它就是没有意义的符号。标示的目的就是要将编写好的代码与货物结合，形成货物独有的对象标识。当货物参与到社会经济活动中时，人们可以通过识别对象标识来唯一明确货物的状态，以便为管理控制和整合决策提供帮助。企业为了能提高资源利用率，除了要掌握资源情况外，还需要及时了解货物的状态，为此就需要对货物进行识别。识别对象标识的技术手段很多，但都是为了获得对象标识中承载的代码，以便通过该代码获得货物信息。解码是主要通过计算机还原信息的过程，要注意的是，当前货物的对象标识不统一，所以在网络中会出现无法解码的情况，这也是本书要解决的问题之一。

3.2.3　对象标识运作过程

对象标识运作过程是指对象标识"产生—转换—应用"的全过程。所以对象标识运作过程不仅包括概念模型中对象标识本身的编码、标示、识别及解码等环节，还应包含与网络的对接和数据交换内容。因此，本书将对象标识运作过程详细划分为以下六个环节，如图 3 - 5 所示。

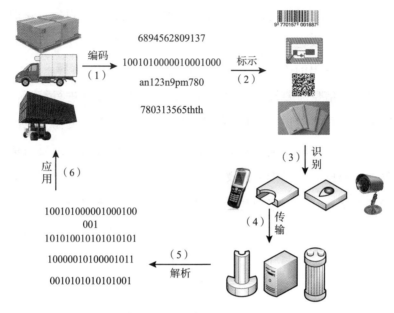

图 3 – 5　对象标识的运作过程

（1）编码。编码是给货物赋予代码的过程，代码是便于人与机器进行识别和处理的符号集合。这一步可理解为将信息代码化，这是实现计算机化的基础。

（2）标示。标示就是指将代码化的信息转换成为符号或标记，并印制在载体上的过程。当该载体与货物合为一体时，载体所携带的信息即为货物信息，即形成该货物的对象标识。标示是为了进一步的"识别"。

（3）识别。人们通过识别技术对标示信息进行采集、处理，实现对货物的描述、辨认、分类和解释。识别的处理结果依旧是代码，此代码与编码后的代码在表现形式上可能一致，也可能存在差异。

（4）传输。将识别获得的信息代码在标准化传输协议支持基础上，通过各种传输渠道传递到需要它的企业或者物流环节，就完成了信息的传输。信息传输可以帮助企业实现对货物乃至物流资源的远程监控、智能化管理等相关作用。要注意的是，信息的传输过程并没有改变识别的信息代码的具体内容。

（5）解析。解析就是指利用计算机技术将传输的信息代码进行计算、分析与处理，完成对物品信息解读的过程。该过程主要利用计算机网络来完成，且通过对传输的货物信息代码进行解析，可完成对物流活动中货物信息的追溯与查询。

（6）应用。将还原出来的货物信息应用到相应的物流资源整合环节，来为企业做出合理的物流资源整合决策提供服务，是对象标识最终要达到的目标。这里的对象标识运作过程反映的是一般情况，实际表现更加多样化（如跳跃某些环节），但各环节功能和对象标识的内在运作过程是没有变化的。

3.2.4 对象标识运作存在的问题

从对象标识的运作过程中可以看到，对象标识的主要作用是将货物与网络进行连接，使企业可以通过网络对货物进行管理控制，以帮助其调配相关物流资源。但对象标识种类众多，标准各异，使得跨域实现上述功能存在障碍，并主要表现为以下几方面：

（1）编码规范差异大，同一种对象标识面临选用不同标准的问题。如 UCode 和移动 RFID 码（Mobile RFID Code，Mcode）都有 128 位长编码，但结构不同；EPC 编码有 EPC – 64、EPC – 96 和 EPC – 256 等类别，各类别还可进一步细分。所以，在信息表达上编码存在不一致的现象。

（2）标准的适用范围有限。如在 RFID 的应用方面，ISO 17363 和 ISO 17364 是物流容器的编码规范，ISO 15961 是对 RFID 可识别的物品制定的编码规范。另外，GS1 中的 EPCglobal 标准体系中也有针对物品和物流单元的标准规定。

（3）同一信息通过不同采集手段获得。如产品信息可以通过扫描条形码获得，也可以通过 RFID 获得，但两者间的信息不能互通，在信息查询上存在障碍。

（4）货物信息分散地储存在不同主体数据库中。部分信息能借助 EPC 等技术实现局部范围的信息追溯与查询，但大部分的信息还仍然处于垂直化闭环应用中，并未实现信息融通，导致货物信息不具有可管理性。

上述问题说明了对象标识的不统一现象，该现象在物流领域表现得特别明显。尤其是当企业需要大量获取准确、及时的跨域货物信息来进行物流资源整合时，对象标识不统一带来的信息搜索成功率和准确率低下问题就会凸显出来。这也就需要寻求一种合理的方法，来克服对象标识的上述不统一问题。这些问题一旦被成功解决，企业获得的有效信息、企业间合作、物流资源的调配等情况将获得改善，所以说对象标识不统一影响着物流资源整合水平。

3.3　基于对象标识的物流资源整合分析框架

对象标识在物流活动中的应用十分广泛，而且有研究表明对象标识对物流资源整合有影响。因此，为了更好地运用对象标识推动物流资源整合发展，就需要明确物流资源整合与对象标识的关系。所以本节将依托前人研究，构建基于对象标识的物流资源整合三维分析框架，从定性的角度刻画两者的互动关系。

3.3.1　三维分析框架

由于对象标识的实施对象主要是各类物，物流行业主要是完成物品从供应地向接收地的实体流动，所以对象标识在物流行业尤其被重视。物流领域的学者也极其关注对象标识的应用与发展，积极地从收益、成本及服务等方面对对象标识的作用进行了分析。研究发现，正确合理地选用对象标识，能帮助企业进行内部物流功能整合，简化部分流程，有效提升整体物流运作效率；可以使企业内外部资源进行整合时信息保持一致，提高企业的市场竞争力和服务效率[124]，进而保证企业收益的实现。在成本方面，它可以减少人工识读成本和出错率[109][125]、大大节约人工成本[103]、改善流通损耗[76]。值得注意的是，对象标识会带来技术成本增加[126]，但在企业之间合理地分担技术成本对增加各方收益有促进作用[127]。在服务质量方面，它可以改善企业的物流管控水平[128]，提高企业与外部主体的交互水平，减少需求不确定，提升物流服务水平。因此本书认为对象标识可以通过改善物流收益水平与物流资源整合产生互动。

丹尼尔·普拉乔戈和简·奥尔哈格（2012）通过调查发现，信息技术和信息共享都对物流资源整合有正向影响[29]。所以企业采用先进的信息技术（如对象标识）共享信息，来推动企业间广泛的合作，有利于物流资源整合水平的提高。对象标识是采集与传输物流信息的基础支撑信息技术，很多企业（如沃尔玛、阿里巴巴、华润杜邦等）已经开始利用对象标识来帮助物流资源整合过程的信息共享，并且取得了良好效果。对象标识除了通过信息共享影响企业间合作外，还通过优化企业间物流流程提高整合水平。如约翰·莫等（John P. T. Mo et al.，2009）研究了怎样将 RFID 信息应用于整合业务流程，为利用对象标识进行内部整合提供了支持[129]；由于 RFID 可以实现商品实物运动等操作环节的自动化及管理的智能化，沃拉波特·贾克胡潘等（Worapot Jakkhupan et al.，2011）运用仿真手段对运用了 RFID 的供应链业务流程进行了研究，指出供应链中的 RFID 使用 EPC 来获取及查询信息，可以优化流程，提高供应链的竞争力[130]。这些研究都反映了对象标识对优化企业间物流流程的作用，还有学者指出对象标识在企业中的推广将受到成本、技术、基础设施、标准及安全等的影响[131]。但对象标识已经朝着低廉的技术成本和良好的兼容应用方向发展，将会有越来越多的企业采用对象标识[132]。总体上看，处于领先地位的企业已经开始采用对象标识来进行企业内外物流资源整合，所以对象标识必然会与物流活动紧密联系，且可以通过改善企业间合作与物流资源整合互动。

物流是一个多环节的活动，如果各环节之间不匹配，就要增加中间环节提供支持，这将导致货损概率增加、能量消耗增加，造成物流效率低下，物流资源利用不理想的后果。刘俊华等也通过研究指出国家继续增加物流基础设施投资的同时需依托已有设施，提高物流基础设施使用效率[133]。薛楠在分析绿色物流问题时还指出可以运用信息实现资源集约，打通信息物流价值链，保证车辆吨位利用率和里程利用率[134]。从该研究中可以看到提高资源利用水平来减少资源浪费是物流资源整合追求的一个重要目标，但需要信息提供基础支撑。伊丽莎白·伊利·祖多尔等（Elisabeth Ilie – Zudor et al. ，2011）的研究表明对象标识一方面有助于信息共享，另一方面可以提高物流资源的利用水平[132]，这主要是因为企业可以通过及时的信息沟通来合理调配资源。而且邓肯·麦克法兰和尤西·谢菲（Duncan McFarlane & Yossi Sheffi，2003）也系统地阐述了对象标识的作用，指出其有利于信息追踪和资源利用[74]。对象标识可以用来追踪物流过程，帮助企业及时了解物流实时信息，尤其是 RFID 可以用于采集逆向物流活动的数据采集与传输[135]，因而可以更为有力地支持企业将正向与反向物流资源整合相结合，实现提高物流资源利用水平的提高，减少资源浪费。所以说，对象标识可通过改善资源利用水平与物流资源整合互动。

上述学者的研究说明，对象标识可以通过物流收益水平、企业间合作水平和物流资源利用水平与物流资源整合产生互动作用。为了形象描述两者关系，本书形成了如图 3 – 6 所示的基于对象标识的物流资源整合三维分析框架。在图 3 – 6 中，用 x 轴、y 轴及 z 轴分别表示物流资源整合的三个衡量维度，平面 ABC 的面积表示物流资源整合的整体水平。对象标识通过影响物流收益水平、物流资源利用水平及企业间合作水平逐步推进物流资源整合进程。向量 OP 代表在某一对象标识水平下，对象标识对物流资源整合的推动作用。将 OP 沿着三个坐标轴方向分解，得到的 OP_1、OP_2、OP_3 分别表示对象标识对物流收益水平、物流资源利用水平及企业间合作水平的推动作用大小。

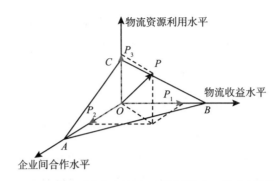

图3-6　基于对象标识的物流资源整合三维分析框架

在对象标识作用下，物流资源整合在物流收益水平、物流资源利用水平及企业间合作水平三个维度表现出来的正向效果越明显，即平面 ABC 的面积越大时，意味着物流资源整合的效果越好。反过来，当物流资源整合要在三个衡量维度表现出的整合效果分别达到 OC、OA、OB 时，他们会对对象标识产生要求，即对象标识对物流资源整合的推动作用要达到向量 OP 代表的水平。其中，向量 OP 的方向由企业物流资源整合发展规划和对象标识起作用的领域决定；向量 OP 的长度受到对象标识应用范围和对象标识统一性影响。即当对象标识应用范围或者对象标识统一性得到提升时，向量 OP 将会变长。林兴志对物流托盘联营统一信息系统的研究，间接说明了对象标识应用范围会影响对象标识对物流资源整合的推动作用[136]。要注意的是，当企业普遍采用对象标识后（即对象标识应用范围足够大），对象标识统一性将成为影响向量 OP 大小的关键因素。总的来说，向量 OP 和物流资源整合的整体水平 ABC 之间是相互作用与影响的。

从图3-6中还能看到，物流资源整合水平的改善会出现三种情况，第一种情况是某一维度的整合效果十分显著，第二种情况是某一维度的整合效果十分不显著，第三种情况是三个维度的物流资源整合效果相当。由于产生这三种整合效果时的对象标识情况各有不同，所以下面将分别对这三种情况下基于对象标识的物流资源整合分析框架进行详细说明。

3.3.2　单维度分析

当对象标识保持对两个维度的作用大小不变，而对某单一维度的推动作用明显增大时，平面 ABC 面积变大，物流资源整合水平得到提升。图 3-7 举例说明了对象标识通过推动单一的物流收益水平维度影响物流资源整合水平的情况。如果企业非常重视物流资源整合在收益方面的效果，欲使物流资源整合水平从平面 ABC 提升到平面 $A'B'C'$，就需要对象标识对单一物流收益水平维度的推动作用增加 OP。相反，当对象标识对物流收益水平维度的推动作用增加 OP，而对其他维度的作用不变时，企业物流资源整合水平会从平面 ABC 提升到平面 $A'B'C'$。对象标识与物流资源利用水平、企业间合作水平单独互动的情形基本上和图 3-7 是一致的。图 3-7 也进一步说明了，向量 OP 的方向主要与企业物流资源整合的发展规划有关，且当对象标识主要在单一维度起作用时，会使物流资源整合水平在单一维度提升显著。

企业进行物流资源整合的最初动力主要来源于对经济利润的追求，所以企业比较容易也更愿意关注物流收益情况，这也导致物流资源整合水平的提高常常会出现图 3-7 中的情形。但单一提高物流

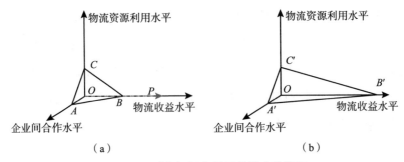

（a）　　　　　　　　（b）

图 3 - 7　对象标识作用于单维度的情况

收益水平维度而不注意其他维度（如企业间合作水平），往往会出现当物流资源整合达到某一水平后很难继续提升。尤其是当社会对物流资源利用和企业间合作的要求改变，通过单一的物流收益来提高物流资源整合效果不能满足要求时，这种形式的物流资源整合就不一定会给企业带来好处，甚至有可能会瓦解。故对象标识通过推动单一维度可以改善物流资源整合水平，但这种水平的提升往往是不稳定状态。

3.3.3　双维度分析

当对象标识对某两个维度的推动作用增加，对另一维度的作用不变时，平面 ABC 的面积变大，物流资源整合水平提高（如图 3 - 8 中（b）所示）。图 3 - 8 中举例说明了对象标识通过作用于物流收益水平和企业间合作水平，改善物流资源整合水平的情况。当企业重视物流资源整合在物流收益和企业间合作方面的效果，欲使物流资源整合水平从图 3 - 8 中的平面 ABC 提升到平面 $A'B'C'$ 时，就需要对象标识对物流收益的推动作用增加到 OP_1，对企业间合作的推动作

用增加到 OP_2。即在保持对物流资源利用的作用不变前提下，对象标识对物流资源整合水平的推动作用增加 OP。反过来，如果对象标识对物流资源整合水平的推动作用增加 OP，那么企业物流资源整合将达到平面 $A'B'C'$ 的水平。对象标识与其他两种维度组合的互动情况，和图 3 - 8 中的情形一致。

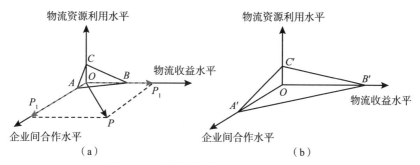

图 3 - 8   对象标识作用于双维度的情况

随着市场环境逐步从企业个体间的竞争转变为企业群体间的竞争，企业在利用对象标识开展物流资源整合时，不再是仅追求利润，而是会同时考虑与合作企业共赢。此时，物流资源整合水平的提高会出现图 3 - 8 中的情况。在图 3 - 8 中（b）所示水平中，物流资源的利用情况尚未得到重视。这样的发展方式可以在一段时间内克服单维度发展方式的局限，达到提高物流资源整合水平的目的。但是随着企业间合作范围的扩大，这种不关注资源利用情况的做法将是不被允许的。因而，通过对象标识推动双维度改善物流资源整合水平的方式也存在缺陷。

3.3.4　全维度分析

均衡增加对象标识对物流收益水平、企业间合作水平及物流资源利用水平的推动作用，是最为健康的物流资源整合发展方式，也是社会各界最愿意也最支持的做法。如图 3 - 9 所示的物流资源整合水平提升方式要求对象标识在三个维度的推动作用 OP_1、OP_2、OP_3 的大小接近一致。当企业希望物流资源整合从图 3 - 9 所示的平面 ABC 提升至平面 $A'B'C'$ 时，对象标识对物流资源整合的推动作用需要增加 OP，即对物流收益水平维度的作用增加 OP_1，对企业间合作水平维度的推动作用增加 OP_2 及对物流资源利用水平维度的推动作用增加 OP_3。对象标识反过来作用物流资源整合的情况，与在单双维度的情形类似，这里不再重复叙述。

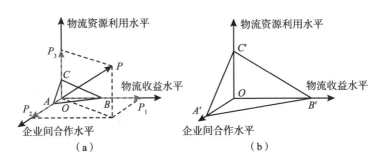

图 3 - 9　对象标识作用于全维度的情况

现实生活中，最为常见的情况是企业首先注意到单维度影响，然后随着物流资源整合范围的扩大和深度加深，逐渐从通过单维度提升扩展为通过全维度来改善。尽管如此，在物流资源整合过程中企业仍要尽可能全面地考虑对象标识与三个维度的互动，同时注意协调三者之间的关系，利用对象标识合理刺激物流资源整合的有序健康改善。

在对象标识通过单维度、双维度及全维度作用物流资源整合水平的分析中可以看出，对象标识提升物流资源整合水平的最佳方式是均衡改善其对物流收益水平、企业间合作水平及物流资源利用水平的推动作用。在这个互动过程中，如何提高对象标识对物流资源整合的推动作用已经在三维分析框架中做了说明，即扩大对象标识应用范围或者提升对象标识统一性。要注意的是，各类型企业已经普遍地应用了对象标识，所以通过扩大对象标识应用范围来提高对象标识推动作用的效果微乎其微。企业应该将重点放在通过提高对象标识统一性来改善物流资源整合效果上。另外，企业也需要规划合理物流资源整合方向，反过来保证对象标识的健康发展。

3.4　企业物流资源整合对象标识应用现状

尽管对象标识与物流资源整合的三个衡量维度之间有密切联系，但各类企业的资金情况、市场地位及发展规划等方面存在差异，因而对象标识在物流活动中的应用情况不尽相同。为了展示其应用现状，本节将主要对对象标识应用较为广泛的生产制造企业、分销零售企业及物流服务企业的情况展开分析。

3.4.1　生产制造企业对象标识应用现状

大部分的生产制造型企业使用了对象标识来保证生产制造过程

的快速运转、产品信息的完整性、提升消费者购买效率和产品品质形象。对象标识主要应用于企业的生产管理、成品仓储管理、防窜货管理、产品追溯、销售等环节，对象标识形式一般为一维条码、二维条码及 RFID。例如在汽车制造业，汽车零部件仓库条码管理系统被用来为每一个产成品建立档案，为销售市场窜货、假冒等现象提供科学的检测手段；在白酒行业中，对象标识也正在被用于防治窜货问题、规范物资管理等方面。生产制造企业一般首先利用对象标识将产品信息、相关物流单元信息及仓库信息上传至信息系统中，然后根据与相关企业的合作情况选择共享部分货物信息，以促进物流的有效运转。更多的生产制造企业选择保持少量产品信息共享，主要原因是为了避免泄露企业机密。

生产制造企业在共享信息过程中需要与其他合作企业进行数据交换，但不同的对象标识载体和对象标识编码会引起部分信息的无效共享，因此生产制造企业正逐步地将目光转移到对象标识统一问题上。如内蒙古蒙牛乳业、栖霞伯乐庄园果蔬专业合作社等单位已申请 Ecode 编码，来尝试解决对象标识不统一问题。这些先进企业的行为，展现了对象标识统一性在生产制造企业的物流活动中的重要性，也说明了对象标识的未来发展必然是要趋于统一的。生产制造企业进行对象标识统一的动力主要来自其内部管理的需要，同时它们也希望与合作企业能够在对象标识统一性的发展上保持步调一致。

3.4.2 分销零售企业对象标识应用现状

在分销零售企业的整个流通过程中，不论是产品、包装箱、仓库、订单还是贸易参与方等都可以使用对象标识，分销零售企业在这些环节的对象标识形式也主要是一维条码、二维条码及 RFID。例如接近100%的零售产品都使用了商品条码，很多行业领先企业（如沃尔玛、玛莎及麦德龙）正纷纷推行使用 RFID 进行供应链管理。分销零售企业对象标识的这种发展趋势，也给企业带来了如何实现不同载体形式的对象标识兼容问题。如果分销零售企业的供应链各环节都能进行对象标识统一，那么分销零售企业上下游间的信息互动、物流各环节的信息对接将进一步提高。尤其是越来越多的分销零售企业采取电子商务的形式，且电子商务平台的集中化发展更加刺激了对标准化的统一化的对象标识的需要。中国物品编码中心正在农产品追溯、食品安全等领域开展 Ecode 编码的试点应用。科研机构对对象标识统一性的研究，正为分销零售企业的对象标识统一提供了非常有价值的参考。

特别是在越来越重视产品质量追溯的发展环境下，分销零售企业将更加需要提高对象标识统一水平，以方便为消费者提供各类产品信息。另外，未来服务于电子商务的物流必然也是包含商流的标准化状态，货物信息的发布、物流资源的调配也将是越来越朝向在分散中集中化、在异构中统一化的趋势发展。这也就说明了分销零售企业的对象标识统一化发展，将引起物流服务企业对象标识统一性改善，分销零售企业对象标识统一化发展需要物流服务企业的有效支持。

3.4.3　物流服务企业对象标识应用现状

快递企业、第三方物流企业等各类物流服务企业都已经普遍使用了对象标识来提高物流资源管理质量和出货效率，例如使用 RFID 管理车辆的进出、利用各种标签来管理货物的产销存。据调查，在 70% 的物流信息化案例中，应用 RFID 作为物流信息感知技术。这是因为利用对象标识有利于提高物流服务的产出，所以物流服务企业较为重视对象标识。另外，通过对象标识背后的 EDI 数据交换技术，与网络连接传输数据，让电子商务的配送与查询、收费环节更加高效、可视化，也是物流服务企业在整合资源过程中不断追求的目标。

随着物流资源整合趋势的凸显，单一企业要实现对各种归属不同的物流资源进行调配较为困难。尽管第三方或第四方物流服务企业提供资源配置方案相对容易，但不同企业的货物对象标识信息互不兼容，同样影响着第三方或第四方物流服务企业整合物流资源的效果。正因为货物的标识信息有价值，利用这些货物信息有可能催生创新的服务模式，所以物流服务企业已经开始探讨对象标识统一的实现方案。

从上述现状分析中可以看到上述类型的企业都普遍采用了对象标识，也认识到了对象标识统一的重要作用，但是它们在实践运用对象标识统一性方面还存在较大的差距。为了帮助企业充分认识和合理运用统一的对象标识，下面将对对象标识统一性以及对象标识统一性对物流资源整合的影响机理进行全面的探讨。

3.5 小 结

本章分析了物流资源整合的特征与目标，明确物流资源整合的目标是实现效益提升、提高物流资源利用率、提高物流服务水平、实现合作共赢；将物流资源整合的基本结构归结为了纵向物流资源整合、横向物流资源整合及网状物流资源整合；结合文献分析以及物流资源整合的内容，详细描述了物流资源整合的物流收益水平、物流资源利用水平及企业间合作水平三个衡量维度。在上述研究基础上，进一步探究了物流资源整合中对象标识的运作原理，把对象标识的运作过程详细地分解为了编码、标识、识别、传输、解析及应用六个环节；发现了对象标识在兼容统一方面存在编码规范差异大、标准的适用范围有限、信息采集手段众多以及货物信息分散等问题。由于很多研究已经发现对象标识与物流资源整合有密切关系，因而本书构建了基于对象标识的物流资源整合分析框架，用以指导与表述两者的联系。在对该框架进行深入分析时，指出对象标识可以单维度、双维度及全维度等形式，与物流资源整合产生互动。最后，对企业对象标识应用现状分析发现，各类企业已经开始重视对象标识的重要作用，也意识到推广对象标识统一的迫切性，他们积极地在物流活动中开展对象标识统一的工作。因此，本章提出要充分认识对象标识统一性，利用对象标识统一性促进物流资源整合健康有序发展。

第 4 章

对象标识统一性对物流
资源整合的影响机理

从基于对象标识的物流资源整合分析框架中得知，在当前经济技术发展水平下，应该将研究重点放在通过提高对象标识统一性改善物流资源整合效果上。而且从实际运作中也可清晰认识到，物流资源整合中的对象标识统一是必然的发展趋势。由于人们对这一趋势的理解仍停留在感觉与经验层面，没有对对象标识统一性对物流资源整合的影响进行科学的揭示，所以导致在物联网环境中基于对象标识统一性的物流资源整合仍缺乏有效方法。因此厘清对象标识统一性对物流资源整合的影响机理，对指导企业基于对象标识统一性合理开展物流物流资源整合有着深刻的意义。针对上述理论研究的缺口，本章将对对象标识统一性对物流资源整合的影响机理进行深入探讨。在明确对象标识统一性的概念、物流资源整合对对象标识统一性的需求、对象标识统一化编码方法及实现基础上，来探究对象标识统一化程度与物流资源整合的互动关系。书中主要采用系统动力学的研究方法构建量化模型，使用国家统计局和《中国现代物流发展报告》中相关统计数据进行仿真，以克服研究过程的复杂性。

4.1　物流资源整合的对象标识统一性

对象标识对物流资源整合的推动作用受到对象标识应用范围和对象标识统一性影响，由于对象标识已被广泛应用，那么对象标识统一性就成为关键因素。然而，要通过对象标识统一性来促进企业物流资源整合水平的提升，就必须明晰对象标识统一性的概念、对象标识统一性的需求、对象标识统一化的方法及实现。所以，本节将对物流资源整合的对象标识统一性问题进行分析。

4.1.1　对象标识统一性的概念

对象标识可遵循的标准众多，所以其形式多样，这就引发了对象标识不兼容问题。国际很多标准化研究机构对对象标识的统一性问题进行了探讨，并提出了若干对象标识统一的解决方案。为了描述对象标识的统一情况，本书提出了对象标识统一性的概念。本书认为其含义是指在一定的技术或方法的帮助下，对象标识实现兼容或统一的程度。

从定义中可看到对象标识统一性主要包括两层含义：第一层含义是指对象标识之间能相互兼容。由于大量历史数据的存在以及改建系统的困难，很多对象标识难以实现在表现形式上的一致，而是通过寻址解析等兼容技术完成了信息沟通。这类对象标识的兼容，本书认为是对象标识统一性的组成部分。第二层含义是指形成符号或标记形式一致的对象标识。即在一定条件下，将混乱的对象标识通过转换表达成一致的形式。本书认为这种情况是对象标识统一性的另一个组成部分。

企业间进行物流资源整合的过程对对象标识统一性的两层含义均有需求，所以本书所提到的对象标识统一性包含了兼容与统一两方面内容。

4.1.2 对象标识统一性需求

由于当前对象标识尚不能实现统一，因而会在一定程度上阻碍物流资源的协调运作。为了克服该困难，首先需要了解企业对对象标识统一性的需求，然后用其指导实现对象标识统一。为此，本节将分析企业物流资源整合对对象标识统一性的具体需求，为下文的研究做铺垫。

（1）物流资源整合对对象标识统一性的信息需求。

在不同物流环节，对象标识所承载的信息根据企业的服务需求会产生变化。所以本节结合供应链运作参考模型（supply chain operations reference-model，SCOR）10.0 的物流部分，以物流过程中客体对象——货物为线索，分析物流资源整合的总体信息需求情况。据此对所需采集的对象标识信息进行类型划分，随后针对不同类型的对象标识信息进行详细介绍，总结出物流资源整合对对象标识统一性的信息需求内容。

①基于 SCOR 的总体信息需求分析。

SCOR 10.0 中的物流部分可以较全面地反映物流过程中需要的

物流信息种类，因而对该部分进行分析能指导企业采集相对完整的对象标识信息（如表 4-1 所示）。

表 4-1　　SCOR 10.0 模型中运用对象标识技术的子流程

供应链环节	子过程名称	需要采集的信息种类	主要的标识技术
采购	接收、核实、转运产品	货物基础信息 供应企业信息 运输工具信息 货物仓储信息	条码、RFID、企业自主的编码
生产	生产和检测 包装 成品暂存 成品检验	货物基础信息 货物仓储信息	条码、RFID、企业自主的编码
配送	从采购或生产中收货 拣货 产品装箱 装货并生成文档 产品运输 客户收货并核实	货物基础信息 收货企业信息 运输工具信息 货物仓储信息	条码、RFID、传感、GPS、企业自主的编码
退货	缺陷产品（含核实）接收、转运、退货 维修产品（含核实）接收、转运、退货 剩余产品的接收、转运、退货	货物基础信息 物流服务企业信息 生产企业信息	条码、RFID、企业自主的编码、GPS

表 4-1 归纳了 SCOR 10.0 中运用对象标识的子流程。从表 4-1 中可以看到：第一，采集信息可用的对象标识形式很多，它们可以用来表达货物基础信息、企业信息、运输工具及仓储等信息；第二，信息分散在不同节点的企业数据库中的现象十分明显；第三，

部分信息（如运输工具信息、仓储信息等）不需要标示在对象标识上，而是通过货物的对象标识在网络上来查询获取。总之，企业间进行物流资源整合时，节点企业采用的对象标识会有不同，企业间数据库也互不沟通，有些信息因而不能被有效利用，这就可能会带来企业在调配物流资源时最佳候选资源被遗漏的情况，最终使得物流资源整合水平偏低。正是这些问题带来了企业们对对象标识统一的需求。通过对象标识统一可以实现唯一识别和发现货物信息，减少由信息沟通不畅引起的重复搬运、配载不合理等问题，因而能为选用最为恰当的物流资源提供服务。

在货物基础信息、企业信息、运输工具及仓储等信息中，货物基础信息主要是对货物的基本特征进行描述，仓储和运输工具信息也是与货物密切相关的，反映的是货物在物流过程中的动态信息。企业信息主要反映参与货物物流活动的各节点企业的动静态信息。所以本节将表4-1中的信息种类从企业和货物两个维度进行划分，以便于对对象标识统一下需要表达的信息进行分析，目的是进一步明确对象标识统一会优化哪些信息来支持物流资源整合。

②企业信息需求。

这里企业特指参与物流资源整合、经工商行政部门批准成立的法人实体。企业信息主要分为企业基础信息与企业动态信息。企业基础信息（见表4-2）代表了与货物物流活动紧密相关的企业基本特征信息，具有跨业务系统共享需求的基础性和普遍性。企业动态信息（见表4-3）主要反映与货物物流活动紧密相关的企业运作过程的信息。

表 4 - 2　　　　　　　　　　　企业基础信息

企业基础信息	是否用对象标识直接表达	企业基础信息	是否用对象标识直接表达
企业类型	否	邮政编码	否
企业名称	否	注册地行政区划代码	否
注册日期	否	注册资金	否
注册地址	否	货币种类	否
登记机关	否	国民经济行业分类代码	否
营业期限	否	经办人姓名	否
营业执照注册号	否	联系电话	否
经济类型代码	否	手机	否
法定代表人	否	联系地址	否
电话	否	电子邮箱	否
手机	否	经办人身份证号	否
厂商识别代码	是	组织机构代码	否
位置识别码	是		

表 4 - 3　　　　　　　　　　　企业动态信息

企业动态信息	是否用对象标识直接表达	企业动态信息	是否用对象标识直接表达
办公地址	否	质量监督信息	否
服务范围	否	环境监督信息	否
企业网站	否	企业微博、博客、微信等	是

从表 4 - 2 中可以看到，需要统一的对象标识直接表达的企业基础信息仅有厂商识别代码和位置识别码，其中厂商识别代码在 GS1 的国际标准中有相应规定。其他大量的企业基础信息都储存在政府

部门或者企业的数据库中。

从表4-3中可以看到，大部分的信息同基础信息情况一样，都是储存在各种数据库中。在动态信息表中企业的微博、博客或微信等需要直接表达，主要用来宣传企业形象和进行产品营销。

通过对企业基础信息和企业动态信息的分析可以看到，企业信息大量地存在网络数据库中，只有三种信息需要对象标识直接表达。在这三种信息中除了在物品编码中心备案过的厂商识别码在全球可以唯一地表示厂商，其他每个都有多种对象标识方法进行表达。另外，不需要对象标识直接表达的企业信息零散地分布在不同的数据库中。

③货物信息需求。

货物信息主要包括货物基础信息和货物动态信息。货物基础信息（见表4-4）主要指货物信息中最能反映本质的信息，它代表货物的基本状态与特征，具有跨业务系统共享需求的特征。货物动态信息（见表4-5）主要以货物的运动过程为目标，反映货物在物流过程中的变化情况。

表4-4 货物基础信息

货物基础信息	是否用对象标识直接表达	货物基础信息	是否用对象标识直接表达
货物名称	否	宽度	否
货物品牌名称	否	宽度单位	否
拥有人	否	深度	否
货物编码	是	深度单位	否
货物分类	是	净重	否

货物基础信息	是否用对象标识直接表达	货物基础信息	是否用对象标识直接表达
货物规格	是	净重单位	否
货物遵循标准名称	否	毛重	否
标准代码	否	毛重单位	否
标准的分类	否	原产地	是
功能描述	否	装配地	否
高度	否	货物检验报告	否
高度单位	否	货物图片	否

表 4 – 5　　　　　　　　　　货物动态信息

货物动态信息	是否用对象标识直接表达	货物动态信息	是否用对象标识直接表达
货物实时位置	是	质量信息	否
货物描述链接	否	货物异常处理费用	否
货物运输路径	否	货物出入库	否
运输工具	否		

从表 4 – 4 可以看到，大量的基础信息分布储存在各类数据库中，调用货物基础信息时会出现不同数据库需要使用不同对象标识进行查询的情况。对比分析表 4 – 2 和表 4 – 4 可以看到，统一的对象标识需要直接表达的货物信息略多于企业信息，这主要是因为企业或者客户在物流过程中更为关注货物情况。

从表 4 – 5 中可以看到，统一的对象标识需要表达的货物动态信息是货物实时位置，主要是用来跟踪管理货物。另外，其他货物动态信息与企业动态信息一样，都基本上储存在货物所属单位的数据库中。

货物信息与企业信息的情况一致，即大部分信息存储在网络数据库中，少量信息需要被赋予到对象标识中。货物基础信息表中货物编码、货物分类、货物规格及原产地需要统一的对象标识直接表达，用以唯一描述货物；在货物动态信息表中货物实时位置需要统一的对象标识直接表达，主要用来追溯货物状态。在这几种信息中只有货物分类有统一标准要求，但是根据对货物统计需求不同，还存在产品总分类（united nations central product classification，CPC）、商品名称及编码协调制度（harmonized commodity description and coding system，HS）等不同形式。其他不需要对象标识直接表达的货物信息零散地分布在不同数据库中。本书在研究过程中不考虑将货物实时位置信息用对象标识直接表达。原因在于货物的流动性强，如若随时更新对象标识中的位置信息，会带来对象标识的稳定性不足和编码过长问题。

总体来说，在企业信息和货物信息中，基础信息是对象标识承载的核心内容，是对象标识统一化后重点优化的内容。在动态信息中，如何获取货物的位置信息比较被企业及用户关注。其他大量分散储存在网络数据库的基础信息和动态信息需要通过统一的对象标识来寻址发现。当前对象标识不统一，所以当要调用时，不论是对象标识的承载信息还是网络数据库中存储的信息，都会出现信息不可得现象。

（2）物流资源整合中对象标识统一性的结构需求。

对象标识统一性问题已经引起了社会各界的关注，国家发展和改革委员会于 2010 年 11 月联合成立了国家物联网基础标准工作组，"国家物联网编码标识项目组"是基础标准工作组的三个组成小组之一，其重点致力于解决对象标识混乱的应用环境引起的信息表达不一致问题。所以，攻克对象标识不统一难题势在必行。为了解决对象标识不统一对物流资源整合的影响，除了要了解物流资源整合对对象标识统一的信息需求外，还需要对象标识的结构在以下几个方面进行完善：

①兼容性。不改变现有对象标识标准的前提下，能实现多种对象标识信息之间的查询、转换，既适应当前的技术发展环境，也能满足物联网的智能物流需求。

②唯一性。统一的对象标识必须全球唯一，且它可以是货物的临时标识[102]。

③扩展性。统一的对象标识要能完成货物静态、动态两个方面的信息描述需求，且当出现新的需求时，可添加字段表达相应含义。

④可管理性。允许管理者去协调数据所在的管理员，以实现基于对象标识统一的物流信息溯源、信息分类、信息监测管理以及动态路由转发等。

物流资源整合中对象标识统一性的结构需求充分反映了对象标识统一性的概念，即要一方面通过兼容实现统一，另一方面通过编码实现统一。该结构要求也体现了本书解决对象标识运作存在问题的思路，即主要利用兼容性和唯一性来克服编码标准众多、标准适用范围有限、对象标识形式多样、数据存储分散带来的数据不可得问题，利用扩展性和可管理性来保证对象标识统一性的可实施和可持续。总之，通过对对象标识统一性的信息需求与结构需求进行分析，可以进一步明确设计满足物流资源整合的统一的对象标识的基本需要。

4.1.3 对象标识统一化编码方法

各标准化组织编制的对象标识在他们自身体系内都是标准统一的，当在物流资源整合中信息交换的双方都遵循同一套对象标识标准体系时，信息异构问题不会显现。但进行信息交互的合作企业遵循的是不同标准化组织的对象标识标准体系时，对象标识不统一带来的信息异构问题将凸显出来。尽管每个标准化组织都声明其对象标识标准体系可以兼容其他标准，但目前不同机构的标准间兼容问题依旧存在。分析对象标识异构问题没有得到很好解决的原因：一是因为在企业数据库和网络中已存在大量异构的、有价值的历史数据；二是互联网的信息寻址机制不适应物联网的发展要求；三是组织间利益阻碍了对象标识的统一。社会各界针对该问题进行了研究，主要通过从编码标识和物联网寻址的角度展开。但利益关系和历史数据使得推广统一的对象标识标准不切实际，成熟的互联网寻址机制还制约着物联网寻址的实施。因此需要探讨不改变已有标准前提下，依托互联网信息发现机制的对象标识统一化方案。本书秉承这一思想，提出了基于互联网的发现机制、考虑了物流资源整合中货物编码信息组成的具有兼容性的对象标识统一化方案。本节首先介绍对象标识统一化编码方法。

（1）前提假设。

互联网已在企业中被广泛使用，当前的物流系统是基于互联网主机信息发现机制进行设计的，在这样的系统环境中对象标识已经得到了较为广泛的应用。所以目前对象标识依然是紧密与互联网联系在一起的，货物对象标识统一化的实现不能脱离互联网应用环境，其要满足互联网要求，同时也适应物联网的快速发展。

从物流资源整合对对象标识统一性的企业信息及货物信息需求分析中看到，统一的对象标识承载的静态信息主要是企业和货物的较为关键的基础信息（下文称为关键基础信息）；使用统一的对象标识要获得的动态信息主要是货物位置信息。所以本节所提出的对象标识统一化方案将考虑企业和货物的关键基础信息及货物位置信息三方面需要。为此，这里做出以下假设条件：

①主要利用现有的服务器，依托互联网的信息发现机制实现。

②统一的对象标识自身承载的信息主要为企业与货物的关键基础信息。企业关键基础信息是指与货物物流活动密切相关的企业的最基本的特征信息；货物关键基础信息是指货物信息中最需要跨业务系统共享的本质信息；货物位置信息需要及时获取，主要是指货物的实时物理位置。

③已设计出硬件设备将统一的对象标识的编码信息输入标签及计算机中。

④企业能够普遍接受对象标识统一的方案，并加以应用。

（2）对象标识统一化编码方法的选择。

对比应用较为广泛的 EPC、Ucode、Mcode、CPC 的标识编码结构（见表 4-6），可以发现已有的标识编码结构中普遍包含有组织或企业的编码信息、编码结构信息、对象类别信息。尽管对象标识中已经包含了货物的部分信息，但更为详细的信息，例如货物质量、物流服务商、出入库记录信息等，仍然保存在相关企业或者组织的数据库中，需要进一步的信息寻址才可得到。在位置信息方面，对于货物的物理位置信息一般不在编码结构范围内，虽然 EPC 和 Ucode 可以实现对位置编码，但他们的位置信息编码并不能与货物直接关联。分析还发现几乎所有的标识编码都是分级结构，但尚不能从编码中直接识别出该对象标识编码所遵循的具体标准。所以当不同的对象标识编码出现时，无从判断该编码是属于哪个标识标准体系以及编码所表达的信息。

表 4 - 6   对象标识编码结构对比

标识编码	国家、组织或企业编码	编码结构	对象类别	对象说明	可否对位置编码	标识标准编码
EPC	√	√	√	√	√	—
Ucode	√	√	√	—	√	—
CPC	√	√	√	√	—	—
Mcode	√	√	√	—	—	—
Ecode	√	√	√	√	√	√

注：√——包含该项信息。

从表 4 - 7 中的分析发现，EPC、Ucode、Mcode 对其他对象标识标准体系的兼容考虑仍有不足，因而都不适合作为对象标识统一化的方法。Ecode 与上述四种编码体系相比，其主要是在保持各组织标准体系原本编码结构基础上，通过分配标头的方式来实现对象标识编码之间的兼容。它更多的是提供编码兼容方案，重点考虑不同组织机构的对象标识标准体系的兼容。Ecode 中提到的标头的作用就是对对象标识标准体系进行统一的编码。但 Ecode 是由我国自行开发的，在国际上通用性较低，不利于扩展资源信息，因此本书不选用 Ecode 作为对象标识统一化编码方法。

表 4 - 7　　　　　　　主要的对象标识编码体系情况

对象标识编码体系	技术特点	应用不足
EPC	对每个实体对象分配的全球唯一代码，其特点是固定长度的二进制编码，可实现对每一个单品进行编码，目前主要在物流供应链领域应用	对象名解析服务（object name service，ONS）规范主要是针对标准体系中的 EPC 编码标准提出的，对其他标准体系中的编码标准兼容问题考虑不足
Ucode	日本提出的泛在识别体系（ubiquitous ID，UID）采用的编码，主要对物理实体和位置进行编码。对物理实体的编码主要应用在追溯和资产管理等领域，对位置进行编码主要用于位置信息系统管理	UID 系统的编码标准、空中接口标准等都是日本本国的标准
Mcode	韩国提出基于移动商务领域应用的 Mcode，通过手机等移动手持终端识读物品上标识的 Mcode 标签，获取物品相关信息，实现各种移动商务应用	Mcode 标准体系对与其他标准体系的编码标准相兼容问题考虑不足
Ecode	Ecode 是中国物品编码中心提出的物联网统一标识体系，它主要利用标头，为物联网环境下的企业提供兼容的单品级编码	Ecode 由中国标准化组织提出，其国际通用性偏低

OID 是 ISO/IEC 8824 和 ISO/IEC 9834 系列标准中定义的一种标识体系，利用 OID 编码作为各种对象标识编码的前缀，可以对不同组织的对象标识标准体系进行编码，即实现统一任意标准支持下的对象标识和解析不同对象标识编码结构，进而缓解对象标识编码不兼容的问题。尤其是 OID 对对象标识的改造难度较低，便于维护，

还能保证对象标识具有较好的扩展性。OID 编码结构具有显著的全球分级授权特征，所以还有利于各国家的互联。另外，OID 支持人读与机读等多种方式，可以转化为二进制，存储在 RFID、传感器、二维条码等多种载体中。本书提出的对象标识统一化编码结构将主要采用基于 OID 的编码方案，实现对象标识信息的兼容查询。

为了确认某空间位置上货物类型、数量和可行运输方式，除了需要货物本身的基础信息还需要其位置信息。位置信息主要是通过网络寻址获取，而非用对象标识直接表达。因此本章在研究了对象标识统一化编码结构后，将利用互联网已有网络架构，分析基于 OID 的对象标识网络拓扑，来完成对所有货物信息的获取。

（3）基于 OID 的对象标识统一化编码结构。

OID 标准可以对任何类型的对象（包括实体对象、虚拟对象、复合对象等）进行全球无歧义、唯一命名，因而这里采用 OID 标准来实现对遵循不同组织标准体系的对象标识之间兼容识别。本书设计的基于 OID 的统一的对象标识编码结构为"标准识别码 + 货物编码"[137]。其中的标准识别码是用来唯一表示对象标识编码所属编码标准的代码，分配规则遵循 OID 标准[138]，标准识别码的分配管理如图 4 - 1 所示；货物编码是指原来各企业、组织遵循不同对象标识标准体系给货物赋予的对象标识编码，如 EPC、Ucode、Mcode、CPC、Ecode 等。

从图 4 - 1 中可以看到，标准识别码的编码规则是完全遵循 OID 标准的，这里重点是将 OID 的应用具体化为对各组织制定的标准进行编码。因而这里不再对编码规则进行详细的介绍，具体可参考 ISO/IEC、ITU - T 国际标准化组织制定的相应标准。运用基于 OID 标准

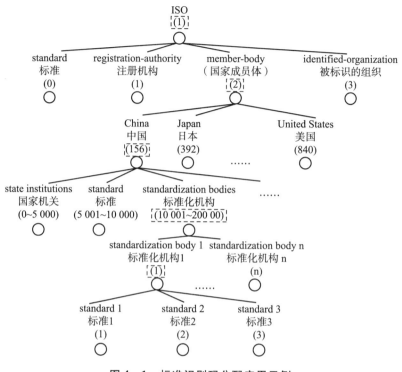

图 4 - 1　标准识别码分配应用示例

分配标准识别码，就是要将不同标准化组织的对象标识转换为具有统一分级结构的对象标识。另外，在本书提出的对象标识统一化结构中，可不对货物编码做任何变动使其保持原有结构，这样能够保证各个标准化组织机构在管理上的独立性及企业现有历史数据的有效性。

为了对基于 OID 的对象标识统一化结构进行说明，这里给出具体的应用实例。例如一个采用 Ecode - 64 的货物编码，可以根据 OID 标准获得 "1. 2. 156. ×. ×. ×"（×表示不定长的一组数字）的标准识别码，将该标准识别码直接赋到原货物编码之前就可以得到统一化的对象标识编码结构。该编码结构中的货物编码部分仍然是根据 Ecode 标识体系的标准进行分配。我国 GS1 组织申请了 2.51 的标识前缀用于管理物流领域的物品对象，如果 GS1 组织的一个条码为6937512503343，那么其可以获得的标准识别码可以为 2.51. ×. ×，统一后的对象标识编码将变为 2.51. ×. ×.6937512503343。这个编码既可以用一维、二维条码来表现，也可以应用于各类电子标签。当对象标识编码标准得到唯一的标准识别码后，可以帮助完成网络中对象标识编码的解码工作。

目前的网络结构还不能很好地实现对基于 OID 的对象标识编码进行解析，因而会阻碍推广该统一化结构的应用。为此本书在现有的互联网发现机制基础上，提出通过标识解析层来帮助完成对统一的对象标识的解析。

4.1.4 对象标识统一性实现

对基于 OID 的统一的对象标识编码解析，可以获得货物的详细信息，而这要依靠合理有效的网络结构支持信息流的实现。本节将搭建标识解析层，帮助统一的对象标识发挥作用。

（1）标识解析层网络拓扑与结构。

当前网络还不能对基于 OID 的对象标识进行解析，为了解决该问题本书引入了标识解析层，如图 4-2 所示。

标识解析层首先转换对象标识，然后根据转换结果决定是否通过 DNS 最终完成信息的获取。所以标识解析层是由很多服务器构成的网络结构，主要包括 DNS、OID 解析服务器和其他标准组织的服务器等，如图 4-3 所示。

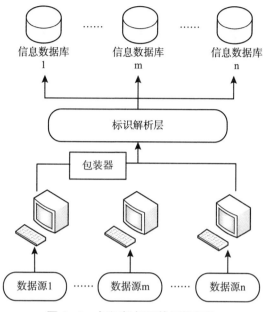

图 4 - 2 标识解析层的网络拓扑

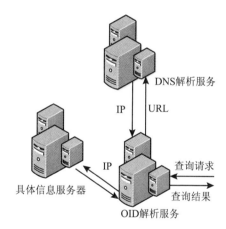

图 4 - 3 标识解析层结构示意

当计算机获取到一个对象标识查询请求时，如果是统一的对象标识则直接发送给标识解析层，否则需要在包装器中进行封装。标识解析层的 OID 解析服务器首先解析标准识别码，即根据 OID 编码中的标准识别码解码出对象标识对应的编码标准，进而得知所属的标准化组织或企业；然后解析出具体的标准化组织或企业服务器的 URL 或者 IP。当解析结果是 URL 时，可通过 DNS 做进一步的解析。

为了更好地说明对象标识是如何利用标识解析层顺利实现兼容的，这里将具体分析基础信息和货物位置信息的获取过程。

（2）信息流的实现。

①基础信息的获取过程。

基础信息获取的实现如图 4 - 4 所示。

第一，从标签上读取对象标识上传到本地服务器。当本地服务器中缓存有该标识对应的基础信息时本地服务器就直接返回基础信息，否则本地服务器将对象标识发送给 OID 解析服务器。

第二，读写器读取信息时可能出现两种情况：A. 读取了一个含有标准识别码的基于 OID 的对象标识；B. 读取了一个货物编码。对于有标准识别码的对象标识，本地服务器可将其发送到 OID 解析服务器；否则就需要先在包装器内转换成对应的 OID 编码格式，然后发送到 OID 解析服务器。

第三，OID 解析服务器可以根据基于 OID 的对象标识解析出两个结果：A. 该基础信息所在机构的 URL；B. 该基础信息所在机构的 IP。当解析结果是 URL 时，需要通过 DNS 解析出 IP 地址，然后访问基础信息所在的具体信息服务器；否则直接访问基础信息所在具体信息服务器。

第四，具体信息服务器提供货物信息数据库的获取路径，并返回基础信息给 OID 解析服务器。

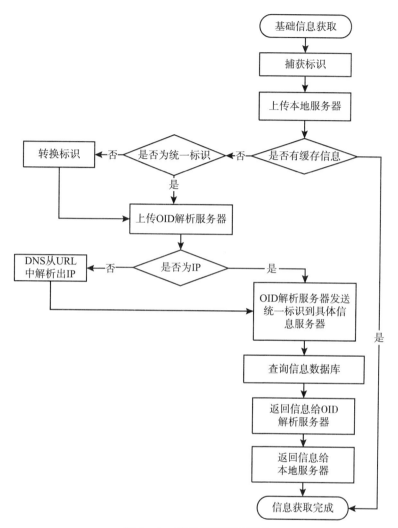

图 4 - 4　基础信息获取流程

　　第五，OID 解析服务器将基础信息返回本地服务器并缓存，本地服务器返回信息给提出请求的客户端，最终完成基础信息的获取。

　　以上是利用统一的对象标识完成储存在网络数据库中的基础信息获取过程。与基础信息的获取过程相比，货物位置信息的获取稍微复杂，但仍然依托基于 OID 的统一的对象标识进行。

②位置信息的获取过程。

位置信息可分为静态位置信息与动态位置信息。这里的静态位置信息就是指货物尚未发生移动时的位置信息，动态位置信息就是指货物发生移动后的实时物理位置信息。要注意的是，货物产生后其位置的首次信息记录以货物所有者的首次信息录入为准，储存在其信息服务器 A 中。一定范围内的货物位置信息由该范围的信息服务器 A 统一管理，位置信息获取以基于 OID 的对象标识为手段。当货物流动出管理它的具体信息服务器 A 时，具体信息服务器 A 记录货物离开。新位置服务器 B 接收到来自货物标签发出的信息，记录该货物的对象标识和新位置，并将货物进入 B 位置的信息发送给货物原始的信息服务器 A（通过对象标识解析出原始信息服务器 A）。

位置信息获取流程的实现如图 4 - 5 所示。

第一，静态位置信息获取：一定范围内的静态位置信息由管理该范围的具体信息服务器（上文中的信息服务器 A 即指的是图 4 - 5 中具体信息服务器）统一管理，只要通过基于 OID 的对象标识寻址到货物所在的具体信息服务器就可以得到需要查询的静态位置信息。对货物静态位置信息所在的具体信息服务器的寻址查询过程与基础信息的获取过程相同，这里不再赘述。

第二，动态位置信息获取：当客户端发出查询请求时，对基于 OID 的对象标识的解析过程依旧与基础信息解析过程相同。经过解析后，根据 OID 解析服务器的解析结果访问具体信息服务器。当具体信息服务器上有该货物的位置移动记录时，返回新位置的 IP 给 OID 解析服务器。OID 解析服务器发送对象标识到新位置服务器，然后获得新位置信息。当具体信息服务器上不再有移动记录后，将具体信息服务器上的位置信息返回给 OID 解析服务器。最后 OID 解析服务器将货物的全部位置信息返回给本地服务器，完成记录有位置信息的服务器返回位置信息的任务。

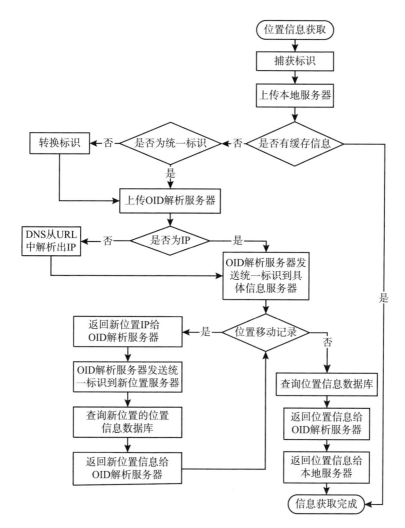

图 4 - 5 位置信息获取过程流程

从基础信息和位置信息的查询过程来看，基于 OID 的对象标识和标识解析层可以在不改变现有对象标识规则基础上完成对所有货物信息的兼容查询。这对物联网环境下全面获取与交互货物信息提供了有效的手段，还有利于改善现有对象标识的应用水平。总体来说，本节设计的对象标识统一化方案既体现了转换的思想又考虑了互联网信息发现机制的现实；在弥补了转换机制缺少位置信息的不足的同时，还避免了推广应用新的统一对象标识标准；克服了对象标识编码标准繁多带来的不兼容。对对象标识统一化方案的研究为解决物联网下物流资源整合对象标识不统一引起的信息沟通不良问题提供了崭新思路，也为企业提升对象标识统一性提供了路径。

4.2 对象标识统一性影响物流资源整合的关系模型

尽管社会经济活动中已经出现了对象标识统一趋势，本书也研究了对象标识统一化方案，但尚没有一个标准指标来衡量其具体实现情况，也没有具体分析说明其对物流资源整合的作用。因而需要量化对象标识统一性的实现水平，来给决策者提供清晰的价值认识；更需要剖析对象标识统一性对物流资源整合的影响，辅助企业做出科学的物流资源整合决策。所以，本节将在明确对象标识统一性衡量手段基础上，运用系统动力学的量化分析方法研究对象标识的逐步统一对物流资源整合的影响机理。

4.2.1　对象标识统一性的衡量

为了反映对象标识统一性的情况，本书采用对象标识统一化程度对其进行描述。对象标识统一化程度是指在市场环境下，各种对象标识以不同形式相互兼容或者归并为一种通用的标准化形式的对象标识的水平。"程度"主要表示事物变化达到的状况，当前对其的定量化表征主要有数学公式表征、实证表征及因素表征等方式。例如聂建亮和钟涨宝对农户水平分化程度的刻画用农户非农劳动力占劳动力总数的比例表征[139]，卢闯等设计了企业纵向一体化程度的表征公式[140]，朱翊敏用实际调研的结果来表达推荐行为的努力程度[141]，代宏砚等则是用共享需求信息和市场信息的范围来反映信息共享程度[142]。本书提到的对象标识主要作用于物流活动中的货物，但各类货物的数量庞大，难以通过统一测量来获得拥有统一对象标识的货物总量。由于货物统一对象标识的正常运作需要相应的设施与设备与其配套使用，所以为了克服统计上的困难，本书这里运用数学公式中的比例表征来刻画对象标识统一化程度，即用支持对象标识统一的物流资源总量与物流资源总量的比值来间接反映。值得注意的是，不同规模的企业货物量不同，这导致对支持统一对象标识的物流资源使用程度存在差异。为了简化分析，这里暂不考虑由货物量不同规模带来的对物流资源使用程度的影响。

在量化表征过程中还存在的一个难题就是，在现实工作中没有对支持统一对象标识的物流资源总量的统计数据。但在《中国现代物流发展报告》中却对企业已采用和计划投资条码、RFID 等技术的情况进行了统计。因此，本书运用《中国现代物流发展报告》（2002—2013）中企业采用和计划投资条码、RFID 等对象标识技术的情况来刻画物流资源总量中支持统一对象标识的资源总量，进而实现对货物对象标识统一化程度的描述。

4.2.2　关键要素选取

从第 3 章的基于对象标识的物流资源整合分析框架中可以定性地看到，对象标识统一性可以通过多种途径影响物流资源整合，但这些互动影响还需要量化研究来给予更为直接客观的说明。需要注意的是，对象标识统一性对物流资源整合的影响机理的量化描述应是高度抽象和简化的，而非是详细反映整个系统。所以本节运用上面选取的物流收益、企业间合作及物流资源利用的三个衡量维度反映物流资源整合水平，利用对象标识统一化程度与三个维度的互动，构建简单的系统动力学模型，进而研究对象标识统一性对物流资源整合的影响。这里本书用物流行业收益刻画物流收益情况、用企业间合作比例刻画企业间合作情况，用物流资源利用率刻画物流资源利用情况。本节主要针对对象标识统一化程度与物流行业总收益、企业间合作比例和物流资源利用率的相互作用开展分析。

（1）对象标识统一化程度与物流行业收益。

很多文章对 RFID 对供应链的影响进行了分析[87][143]，验证了 RFID 对供应链物流有着积极的作用，指出 RFID 技术一方面可以节约运作成本[144]、人工成本[132]，另一方面可以提高经济收益[145]。亨里克·帕尔松和奥拉·约翰逊（2009）通过实证说明唯一的货物对象标识对提升物流绩效有显著影响[109]。但是也有学者指出对象标识统一化需要大量技术投资[132]，对象标识统一不一定有利于收益的提高[146]。上述研究表明，对象标识统一化程度对物流行业收益的影响需要继续深入探讨，这里构建模型时将主要关注与之相关的成本与投资的情况。

（2）对象标识统一化程度与企业间合作。

亨里克·帕尔松和奥拉·约翰逊（2009）指出具有唯一标识的商品对供应链整合有积极影响[73]，有助于物流协同[109]。对象标识统一还有利于扩大信息共享范围，能帮助实现与外部企业协作。还有学者将对象标识与企业已有的信息系统结合，指出其可以提高企业资源分配的效率[147]、提高可视性和数据的准确性[148]。总之，对象标识统一化程度对企业间的协调运作有正向影响。

（3）对象标识统一化程度与物流资源利用率。

物流资源利用率是影响物流业生产总值的软条件，在物流资源总量不变前提下，物流资源提供的服务量越多，物流资源利用率越高，物流资源产值越大。本节采用有效提供服务的物流资源总量与物流资源总量的比值，反映物流资源利用率的情况。有学者研究指出选用恰当的对象标识技术可以提高资源利用水平[149]，减少出错率，改善流通损耗[76]。从目前的研究可以看到两者应该有正相关影响，具有较高对象标识统一化程度的企业将能更充分地利用资源，但这一关系需要进一步的分析验证。

基于上述分析，本节认为对象标识统一化程度对物流资源整合的影响主要有以下几个方面：第一，物流资源以货物的统一对象标识为纽带、通过企业间信息共享，实现互利共生，有利于降低物流运作成本和信息不确定带来的风险，有利于实现企业物流资源整合的目标。第二，通过运用货物统一的对象标识，企业间的物流资源可以被合理调配，减少了资源闲置、货物重复搬运或者空驶等问题带来的资源浪费。第三，在对象标识统一基础上实现的企业间密切合作，提高了物流行业的竞争力和活力，保证了在节约资源基础上的物流资源整合效果。下面通过对以上关系的梳理形成系统动力学模型并进行深入分析。

4.2.3 模型边界与假设

构建动力学模型除了要明确关键要素，还要清晰模型的系统边界与前提假设。

（1）系统边界。系统动力学的观点是内因对系统的行为有决定性影响，因此系统动力学模型必须建立在合理的系统边界前提下。本书通过前文分析得到，货物对象标识统一性与物流资源整合互动关系系统主要包括了物流资源子系统和货物对象标识子系统。这里的物流资源主要是指为完成物流任务分散在各功能特性资源中的设施及设备，例如仓库、托盘、运输车辆。货物对象标识涉及的也很广泛，如一维条码、二维条码、RFID等。由于不同系统的对象标识各不相同，且没有很好映射和兼容，所以在物流资源整合过程信息沟通能力较差。

（2）前提假设。①物流资源整合是一个循序渐进的过程，不考虑非正常情况导致的资源损失。②有持续的物流投资和技术投资，暂时不考虑延迟带来的影响。③物流资源整合水平主要通过物流资源利用率、企业间合作比例与物流行业总收益来体现，货物对象标识统一化程度通过这些维度对物流资源整合产生作用。

4.2.4　子系统分析

物流资源子系统与货物对象标识子系统之间互相作用和影响，共同组成一个有机整体，子系统的具体内容是本节研究的重点。

（1）物流资源子系统。

物流资源利用率受物流资源总量和有效提供服务的物流资源总量影响，物流资源投资和折旧率影响物流资源总量。其中，物流行业收益越多，行业内的企业对物流资源的投资额将越大。因此本书将物流资源利用率、物流资源总量、物流资源增加率、物流资源消耗率、物流资源投资额、物流资源投资比例、投资效果系数、物流行业总收益、人工成本、折旧率、有效提供服务的物流资源总量等作为物流资源子系统的主要变量。

（2）货物对象标识子系统。

对象标识统一化程度受到支持统一对象标识的物流资源总量影响，与企业间合作比例还存在正向关系。合作企业获得的有效资源信息量越多，越有利于物流资源整合，合作关系也越紧密。另外，对象标识统一化需要技术上的投资以进行改进，这将使支持对象标识统一的物流资源量增加，进而提高对象标识统一化程度。更重要的一点是，对象标识统一化后将依赖更少的人工。因此本书将对象标识统一化程度、支持统一标识的物流资源总量、标识资源增加速率、标识资源减少速率、企业间合作比例、技术投资额、技术投资比例等作为该子系统主要变量。

4.2.5　因果关系图

结合物流资源子系统与货物对象标识子系统之间的诸多关系，构造如图4-6所示的因果回路图。对象标识统一化程度直接影响企业间合作比例，并通过有效提供服务的物流资源总量作用于物流资源利用率。对象标识统一化程度还通过成本因素作用于物流行业收益，以物流投资和技术投资的形式分别影响因果回路中的物流资源子系统和对象标识子系统。图4-6设定了模型的基本主体结构，这里对主要反馈回路进行分析。

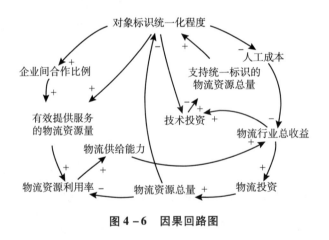

图4-6　因果回路图

（1）物流资源整合中推广统一对象标识的动力来源于物流行业总收益的刺激。物流行业总收益的增加，将使得能用于物流投资的资本量增加，物流资源总量相应增加。而对象标识统一化程度是支持统一标识的物流资源总量与物流资源总量的比值，因此对象标识统一化程度相对降低。由于对象标识统一化程度与企业间合作比例是正相关的，因此企业间合作比例也相应降低。企业间合作减少导致企业间的资源信息沟通减少，企业间的资源不能互通有无，因而能有效提供服务的物流资源量降低，物流资源利用率随之降低。这将影响物流的供给能力，反而使行业总收益相对减少。这是反馈回路中的一个重要的负反馈回路。

（2）当物流资源利用率得到提升时，在既定物流资源总量下物流行业有充足的物流供给能力为客户提供服务，使得更多的物流需求被满足，进而带来物流行业总收益增加。物流行业总收益提升除了能增加物流投资外，还能增加技术投资，使得支持统一标识的物流资源总量增加。对象标识统一化程度得到提高，并进一步刺激了企业间合作，这将更有利于物流资源利用率的提高。这是一个重要的正反馈回路。

在此基础上进一步细化，考虑变量的性质与变量之间的相互作用，可以得到对象标识统一程度与物流资源整合的系统动力学存量流量模型。

4.2.6　系统存量流量模型及仿真方程的确定

在数据可计算性和现实性基础上，依据因果回路图的变量关系，得到如图 4 - 7 所示的存量流量模型[150]。该模型共有变量 26 个，其中存量 2 个，流量 4 个、辅助变量 13 个、常量 3 个，表函数 4 个，具体变量分类与性质见表 4 - 8。存量流量模型的主要变量选取与反馈结构的建立是基于对大量相关文献的分析得到，一些不在本模型研究范围内的外生变量没有纳入模型中。初始数据以及变量间关系的确定来自 2002 年以来国家统计局和《中国现代物流发展报告》（2002—2013）中相关统计数据的回归分析。

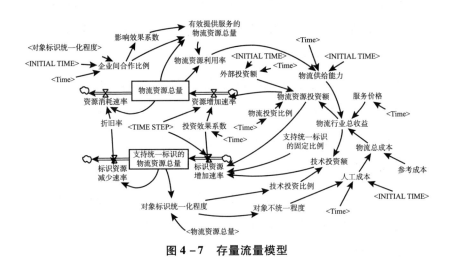

图 4-7　存量流量模型

表 4-8　　　　　　　　　　模型变量与性质

变量名	性质	变量名	性质	变量名	性质
物流资源总量	存量	企业间合作比例	辅助变量	外部投资额	辅助变量
支持统一标识的物流资源总量	存量	影响效果系数	表函数	物流资源投资额	辅助变量
标识资源增加速率	流量	有效提供服务的物流资源总量	辅助变量	物流投资比例	表函数
标识资源减少速率	流量	物流资源利用率	辅助变量	服务价格	表函数
物流资源增长速率	流量	物流供给能力	辅助变量	人工成本	辅助变量
物流资源消耗速率	流量	物流行业总收益	辅助变量	参考成本	常量

续表

变量名	性质	变量名	性质	变量名	性质
对象标识统一化程度	辅助变量	技术投资额	辅助变量	支持统一标识的固定比例	常量
对象标识不统一程度	辅助变量	技术投资比例	辅助变量	折旧率	常量
投资效果系数	表函数	物流总成本	辅助变量		

（1）表函数的确定。

由于有的变量关系难以用具体的函数关系式表达，因此本模型采用表函数表示这些非线性关系。对《中国现代物流发展报告》（2002—2013）中1 000多家企业的调查结果进行分析得到影响效果系数表函数，如图4-8所示。对中国国家统计局2002年以来的数据分析可以得到物流投资比例、投资效果系数以及服务价格的表函数如图4-9至图4-11所示。

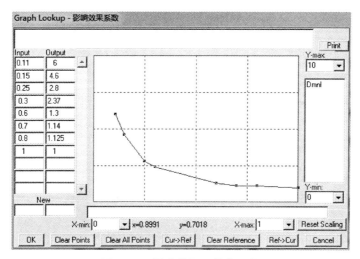

图4-8 影响效果系数表函数

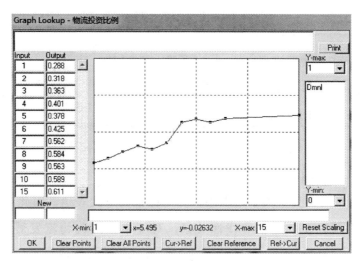

图 4 – 9　物流投资比例表函数

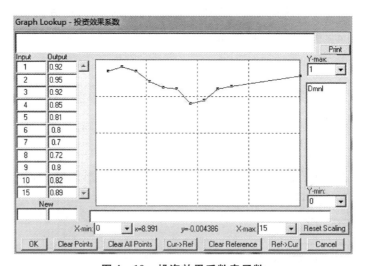

图 4 – 10　投资效果系数表函数

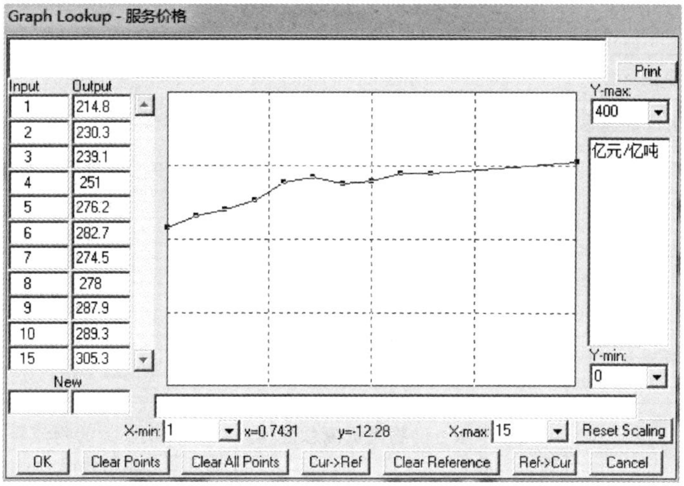

图 4 - 11　服务价格表函数

（2）主要仿真方程的确定。

模型中的仿真方程主要依据 2002～2013 年的中国国家统计局和《中国现代物流发展报告》中的统计数据分析得到。其中人工成本、物流总成本、物流供给能力、企业间合作比例、外部投资额等变量的仿真方程主要运用非线性回归分析得到，且方程均能达到 $R^2 >$ 0.95，拟合效果良好。其他方程如表 4 - 9 所示。

表 4 - 9　　　　　　　　　　模型主要变量方程及说明

变量	方程	说明
物流资源总量	INTEG（物流资源增加率 - 物流资源消耗率，初始值）	物流行业物流资源总量是以 2002 年起交通运输、仓储及邮政业的新增、改建、扩建固定资产为基础进行累加计算得到
支持统一标识的物流资源总量	INTEG（标识资源增加速率 - 标识资源减少速率，初始值）	物流资源中支持运用统一的对象标识的物流资源总量

续表

变量	方程	说明
物流资源增加速率	物流资源投资额×投资效果系数	物流资源总量每年的增加量
物流资源消耗速率	物流资源总量×折旧率	物流资源总量每年的减少量
标识资源增加速率	技术投资额×投资效果系数＋物流资源投资额×支持统一标识的固定比例	支持统一对象标识的物流资源总量每年的增加量
标识资源减少速率	支持统一标识的物流资源总量×折旧率	支持统一对象标识的物流资源总量每年的减少量
物流资源利用率	有效提供服务的物流资源总量/物流资源总量	有效提供服务的物流资源占物流资源总量的比值
对象标识统一化程度	支持统一标识的物流资源总量/物流资源总量	支持统一标识的物流资源占物流资源总量的比值
折旧率	3%	设为交通业固定资产的折旧率
物流行业总收益	物流供给能力×服务价格－总成本	总成本是人工成本的函数
支持统一标识的固定比例	设为估计值0.2（由《中国物流信息化发展报告》数据分析得到）	在新增资源中总有部分资源支持局部对象标识统一，该比例估计值为0.2

4.3 模型检验与模拟结果分析

将上述模型运用 Vensim 软件进行仿真分析，仿真环境为 Microsoft Windows 7 操作系统，CPU 为 Intel（R）Core（TM）i5 - 3210M @2.50GHZ，内存为4GB。在得到一系列的数据后，为证明仿真结果的有效，对模型进行相关检验。

4.3.1　有效性检验

模型的检验包括模型机械错误检验、量纲的一致性检验、模型的有效性检验以及方程式极端条件检验等[151]。经验证，本模型通过了 Vensim 软件的机械错误检验、量纲一致性检验和极端条件检验[152]。

运行模型（见图 4-7），可得各变量的模拟值。模拟 2003~2012 年的数据进行有效性检验。有效性检验以物流资源总量和对象标识统一化程度为例，检验结果见表 4-10。

表 4-10　　　　　　　　　　　模型有效性检验

年份	物流资源总量实际值（亿元）	物流资源总量模拟值（亿元）	相对误差	对象标识统一化程度实际值	对象标识统一化程度模拟值	相对误差
2012	125 889.72	129 326.00	-0.0273	0.32	0.34	0.063
2011	104 406.57	104 028.00	0.003626	0.29	0.34	0.174
2010	85 326.16	83 199.30	0.024926	0.33	0.35	0.061
2009	66 718.84	65 971.00	0.011209	0.3	0.34	0.133
2008	51 631.44	49 988.00	0.03183	0.31	0.33	0.065
2007	39 794.35	38 001.90	0.045043	0.34	0.32	-0.058
2006	29 770.81	28 856.30	0.030718	0.31	0.32	0.032
2005	20 507.74	19 904.10	0.029435	0.27	0.31	0.148
2004	12 398.61	11 856.10	0.043756	0.25	0.28	0.12
2003	5 576.74	5 576.74	0	0.22	0.24	0.091

从表 4 - 10 中可以看到，2003～2012 年物流资源总量的模拟值与真实值误差较小，相对误差均不大于 5%，对象标识统一化程度的相对误差算数平均值也只有 0.095，能反映现实情况。因而证明模型拟合较好，合理可用。

4.3.2　仿真数据分析

支持统一标识的固定比例是指支持统一对象标识的物流资源投资额占物流资源投资额的比例，正体现出对象标识统一化程度的推进情况。因此，依据对象标识统一性影响物流资源整合的关系模型，在其他状态变量不变的前提下，调整支持统一标识的固定比例的取值，不断提高对象标识统一化程度（如图 4 - 12 所示），研究物流资源利用率、企业间合作比例及物流行业总收益等的变化情况。

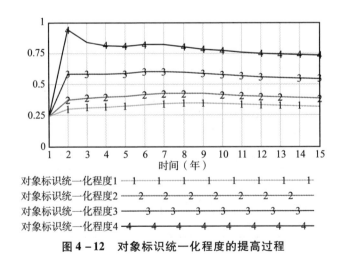

图 4 - 12　对象标识统一化程度的提高过程

从图 4 - 12 中可以看到，不同水平的对象标识统一化程度整体趋势都表现平缓。究其原因可知，该现象的产生主要来源于企业对对象标识统一性的重视程度。由于对象标识对物流资源整合的影响有一定滞后，企业不能快速获得经济收益，所以对象标识统一性不容易引起企业的重视，多年来其整体趋势波动较小。在对象标识统一化程度达到较高水平后，曲线有所下降的原因在于信息化的建设需要企业持续的投资，但总体上物流业对象标识统一发展较为缓慢，企业重视度不足，所以导致企业减少资金支持，对象标识统一化程度发展放缓。

（1）模拟 2003 ~ 2017 年物流资源利用率的变化情况，其模拟结果如图 4 - 13 所示。

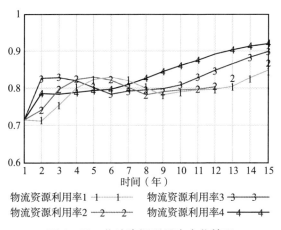

图 4 - 13　物流资源利用率变化情况

从图 4 - 13 中可以看到，随着对象标识统一化程度的提高，物流资源利用率也不断提高，与常规的经验判断一致。但同时也发现，物流资源利用率前期提高很快，随后提升速度有所下降，最后又快速提升起来，这主要是受制于有效提供服务的物流资源总量和企业间合作比例。当物流业对象标识统一化程度提高时，企业间的合作尚滞后于货物对象信息化的发展，因此大量拥有统一对象标识的货物信息不能被有效地共享，导致一段时间内资源利用率低下。但随着企业间广泛地开展合作，物流资源的利用率得到了大幅提高。

（2）模拟 2003～2017 年企业间合作比例的变化情况，其模拟结果如图 4 - 14 所示。

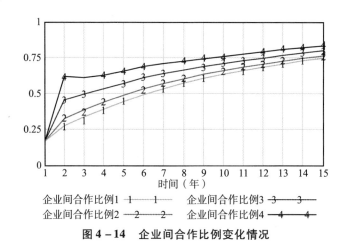

图 4 - 14　企业间合作比例变化情况

从图 4 - 14 中可以看到，企业间合作比例起初提升速较快，但随后增长速度较为平缓，该现象充分反映了企业行为。企业在物流信息化快速发展初期较为重视对象标识统一性，对象标识统一减少了企业间的合作障碍，因此引起企业间合作比例提升。仍然因为滞后作用，企业间合作的展开迟于对象标识统一性的提升，企业不能快速从合作中获得经济收益，使得企业从开始无计划扩展合作转变为有计划循序扩展。企业调整合作比例与对象标识统一化程度的发展步调接近一致，因此后期的企业间合作比例整体趋势也变得较为平缓。

（3）模拟 2003～2017 年人工成本的变化情况，其模拟结果如图 4 - 15 所示。

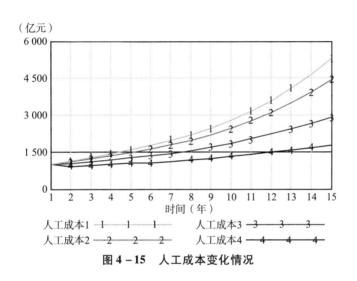

图 4 - 15　人工成本变化情况

从图 4 - 15 中可以看到，人工成本的增长呈指数形式，并随着对象标识统一化程度的提高，人工成本的增长速度明显放缓。从时间轴的角度观察发现，当企业间合作比例与对象标识统一化程度的发展步调接近一致后，人工成本出现了较为显著的下降。这说明片面地提高对象标识统一化程度而不注重合作的话，并不能带来人工成本的显著改善。需要企业间进行广泛的合作，使统一的对象标识在企业间形成规模效益，才能达到降低人工成本的理想状态。

（4）模拟 2003～2017 年有效提供服务的物流资源总量变化情况，其模拟结果如图 4 - 16 所示。

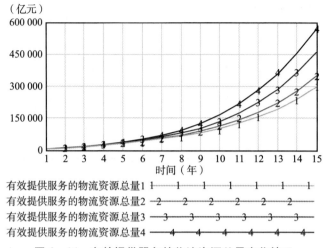

图 4 – 16　有效提供服务的物流资源总量变化情况

从图 4 – 16 中看到，有效提供服务的物流资源总量的增长呈指数形式，并随着对象标识统一化程度的提高，有效提供服务的物流资源总量逐步提升，增长速度越来越快。有效提供服务的物流资源总量的增长除了受到逐年上涨的物流资源总量影响外，另一方面是由对象标识统一化程度引起的。统一的对象标识使货物信息可以被方便地获取，原来因信息阻碍而没有得到调用的资源被重视，从而使得有效提供服务的物流资源总量迅速增多。从图中还可以看到有效提供服务的物流资源总量前期提升幅度很小，一直到后期有效提供服务的物流资源总量的增加速度才有较大幅度提升。产生这种现象的原因与资源利用率下降段的原因是一致的。企业间合作尚滞后于货物对象信息化发展，因此大量拥有统一对象标识的货物信息不能被有效共享，进而导致前期有效提供服务的物流资源总量变化不大。

（5）模拟 2003～2017 年物流行业总收益的变化情况，其模拟结果如图 4 – 17 所示。

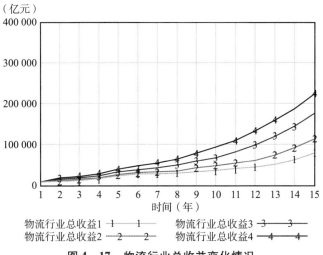

图4-17 物流行业总收益变化情况

从图4-17中可以看到，物流行业总收益的增长呈指数形式，并随着对象标识统一化程度的提高，物流行业总收益提高的速度越来越快。在对象标识统一化程度提高的前期，物流行业总收益增长十分缓慢。一直到后期，对象标识统一化程度的促进作用才慢慢显现。这也进一步说明了对象标识统一性对物流资源整合的影响有一定的滞后，需要从长期发展的角度看待对象标识统一性的作用。

从模拟的结果可以看到，对象标识统一化程度对物流资源利用率、企业间合作比例、人工成本、有效提供服务的物流资源总量及物流行业总收益均有影响，且对象标识统一化程度越高对物流资源整合的正向影响越显著。总之，对象标识统一性对物流资源整合有明显的促进作用，且具有一定的滞后性。同时，对物流资源整合作用的大小还受到企业间合作比例和重视程度的影响。

4.3.3　仿真结论

本节通过对对象标识统一化程度的变量控制，分析了物流资源利用率、有效提供服务的物流资源总量、企业间合作比例、人工成本及物流行业总收益的变化发展情况，并得到以下结论：

（1）对象标识统一化程度的提升能有效促进物流资源的整合，提高物流行业收益，对物流资源整合存在正向影响。我国目前多年的物流基础设施投资积累已经开始发挥作用，在继续增加物流基础设施投资的同时，需依托已有设施，通过改进货物对象标识统一化程度，提高物流基础设施使用效率，实现物流产业对经济增长的可持续拉动作用。

（2）由于对象标识统一性对物流资源整合的影响有一定的滞后，企业不能快速获得经济收益，所以对对象标识统一性的重视程度不足。这将导致物流业对象标识发展水平参差不齐，使得已经有统一对象标识的货物不能有效提供服务。因此，需要提高企业对对象标识统一性的重视程度，这不仅有利于企业间的合作，还能使企业及行业间形成物流资源的规模效应，进而增强物流业的服务能力。

（3）企业重视对象统一化程度，而不考虑和其他企业协同进步的话，仍然会使得拥有统一对象标识的货物不能发挥其应有的作用，影响有效提供服务的物流资源总量增加。当对象标识统一程度和企业间合作比例发展速度相匹配时，有效提供服务的物流资源总量会明显提升，尤其是有利于提高物流资源利用率。如果企业间合作比例大幅落后于对象标识统一化程度，最为适合的物流资源没得到有效配置，将使得资源利用率受到影响。

（4）企业间合作比例与对象标识统一化程度的匹配情况还影响着人工成本。片面地提高企业间合作比例或者对象标识统一化程度，都不利于人工成本的降低。企业间开展广泛的合作，积极参与到物流资源整合中，扩大对象标识统一性的影响范围，能增强企业间的资源信息沟通便利性，使统一的对象标识在企业间形成规模效益，进而降低人工成本。

4.4　对象标识统一性对物流资源整合作用分析

上面借助系统动力学，建立了对象标识统一性影响物流资源整合作用的关系模型，量化研究了对象标识统一化程度对物流资源利用率、企业间合作比例及物流行业总收益等因素的影响。研究表明，系统动力学是研究对象标识统一性对物流资源整合影响机理的有效工具；对象标识统一化程度对物流资源利用率、企业间合作比例、有效提供服务的物流资源总量及物流行业总收益等均存在正向影响。该研究结果也证明了对象标识统一性可以通过物流收益水平、企业间合作水平及物流资源利用水平三个维度作用于物流资源整合。为了详细说明该结果，本节进一步阐述对象标识统一性对物流资源整合的作用。

4.4.1　改善企业之间合作

上面的分析得到对象标识统一化程度对企业间合作比例有正向影

响，也就是说对象标识统一性的广泛推进，可以促进企业之间建立合作关系，且对象标识统一化程度越高，企业间进行合作的情况越多。对象标识统一性可以使社会物流活动中物流环节衔接情况、物流流程优化情况及服务时间得到改善，最终实现促进企业间合作的目的。

（1）改善物流环节衔接与物流流程情况。

当物流过程需要多个企业合作完成时，会出现每个承运公司都要为货物分配相应对象标识的情况，这加大了对象标识的不兼容问题，增加了物流过程的复杂性，降低了物流的时效性。实现货物对象标识统一的主要作用就是消除不同企业对象标识解码系统的不兼容，所以在对象标识统一的情况下企业间合作完成物流活动时，各企业系统不兼容的壁垒将被打破。拥有统一的对象标识的货物信息可以被合作企业的物流信息系统识别，企业间合作完成物流任务的复杂性被降低，时效性提升。合作的企业间［如图 4 - 18（a）中的 A 企业和 B 企业］可以根据客户对货物的精准性要求，灵活选择图 4 - 18（b）或图 4 - 18（c）的物流方案为其服务，进而使得物流各环节衔接平滑，物流流程得到优化。这展示出对象标识统一的优势在于通过改善企业间合作，提高物流资源整合水平。

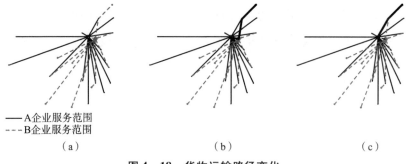

——A企业服务范围
---B企业服务范围

（a）　　　　　　　　　（b）　　　　　　　　　（c）

图 4 - 18　货物运输路径变化

（2）改善物流服务时间情况。

对象标识统一性对物流环节衔接与物流流程的改善，最终以物流服务时间缩短的形式更为直接地表现出来。在对象标识不统一情况下，上下游企业在物流节点进行货物交接时，承运企业需要再次打印标签。这是一部分重复性工作，一方面二次打印标签浪费资源，另一方面增加了交接货物的时间。在对象标识统一情况下货物的对象标识信息可以被不同的系统识别，二次打印标签的工作被优化（如图 4 - 19 所示），进而可以缩短货物交接时间。

在对象标识不统一情况下，承运企业需要交接货物操作入库，再根据出库流程进行货物分拣、标记发货和安排货运资源。货物交接操作烦琐，会产生滞留时间。在对象标识统一的情况下，承运企业交接货物入库操作得到简化，企业在交接货物时标记发货、运输预约的时间缩短，同时车辆调动过程更为迅速，即图 4 - 19（a）和图 4 - 19（b）两部分流程得到优化。

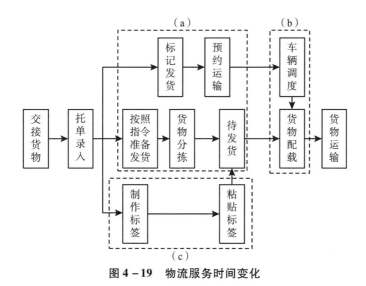

图 4 - 19 物流服务时间变化

所以说，对象标识统一性可以改善物流服务时间，这种改善也意味着物流资源被占用的时间缩短。物流资源可以被快速投入下一次的服务中，即是提高了企业的物流供给能力。对象标识统一后得到的这些效果是企业进行物流资源整合希望达到的目标，它也再次印证了对象标识统一性对企业间合作的正向作用。

4.4.2　改善物流行业收益

在对象标识不统一的情况下，协同运作较为复杂，跨域物流资源整合的程度与范围十分有限，由此带来的整合优势不明显。企业在对象标识统一下开展跨域物流资源整合，能够降低协同运作的复杂性，简化操作，所以能带来人工成本的降低。人工成本降低会引起企业利润增加，也会刺激企业更主动地参与到物流资源整合的合作中。对象标识统一性的应用还能使得提供较高水平的物流服务范围扩大（如图 4 - 20 所示）、物流资源可以被充分调动、客户满意度提高。这有利于提高客户对企业的忠实度，还有利于刺激物流需求

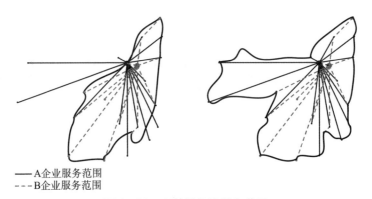

—— A企业服务范围
--- B企业服务范围

图 4 - 20　有效的物流服务范围

的增加。对象标识统一性的这些作用将改变物流行业的盈利情况，促进企业实现物流资源整合目标，这正体现了对象标识统一性可以通过物流收益作用于物流资源整合。

4.4.3 改善物流资源利用

在对象标识不统一情况下，尽管物流资源利用水平也会得到改善，但各企业货物信息不兼容问题会影响其改善效果。如合作运输货物时，在对象标识不统一情况下，集中装货进行配载情况较为多见，如图 4 - 21 (a) 所示。在对象标识统一情况下，各企业货物标识信息可以被兼容识别，发货配载过程被简化。仍然以货物运输为例，当需要企业间合作运输时，不论货物量大小，可随时根据货车的装载情况安排运输。既可以集中装载发货 [如图 4 - 21 (a) 所示]，又可以沿途装货 [如图 4 - 21 (b) 所示]。这一方面提高了车辆的满载情况，另一方面，对于时效性要求高的货物还可以实现随时配载随时发货。这意味着有效提供服务的物流资源总量得到增加，物流资源利用率得到了改善。总体来说，对象标识统一性主要是提高合作灵活性来改善物流资源利用情况。

对象标识统一性对企业间合作、物流行业收益及物流资源利用情况的改善，是它均衡提高物流资源整合水平的客观表现，也是它能推动企业实现物流资源整合目标的直接反映。

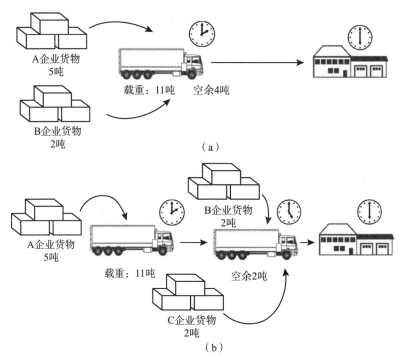

图4-21 物流资源利用水平变化

4.5 小 结

为了明晰对象标识统一性对物流资源整合的影响机理，本章首先从对象标识统一性需求、对象标识统一化编码方法及对象标识统一性实现等几个方面剖析了物流资源整合中对象标识统一性的问题。在该研究过程中指出对象标识需要具有兼容性、唯一性、扩展性和可管理性，并创新地改进了物流资源整合中对象标识统一化方案，为在物流资源维系和融合过程中的企业信息沟通提供了便捷手段。具体措施如下：（1）引入标准识别码。为了不改变现有对象标识标准，本书借助 OID 标准，在对象标识中引入标准识别码，形成了基于 OID 的对象标识编码结构。它能保证对象标识全球唯一，实现多种对象标识信息之间的查询、转换。（2）构建标识解析层。在网络中形成由 DNS、OID 解析服务器和其他标准组织服务器等组成的标识解析层，来完成对 OID 的解析，以帮助完成信息寻址。

为了量化对象标识统一性对物流资源整合的影响，结合第 3 章中基于对象标识的物流资源整合分析框架，本章选用对象标识统一化程度衡量对象标识统一性，选用物流行业总收益、物流资源利用率及企业间合作比例衡量物流资源整合水平；运用系统动力学构建对象标识统一性影响物流资源整合的关系模型，分析了对象标识统一化程度与物流行业总收益、物流资源利用率及企业间合作比例等要素之间的影响关系。在检验模型有效性基础上，分析仿真数据。分析结果指出，对象标识统一化程度的提升能有效促进物流资源的整合。

结合仿真结果，本章还具体分析了对象标识统一性对物流资源整合的三方面作用：（1）可以改善企业间合作，主要表现为改善物流环节衔接与物流流程情况、改善物流服务时间。（2）可以改善物流行业收益，主要表现为提供高水平物流服务的范围扩大、人工成本降低。（3）可以改善物流资源利用情况，主要表现为设备利用率的提升、环境污染减少。

第 5 章

考虑对象标识统一性的物流
资源整合优化模型

　　对象标识统一性对物流资源整合的影响机理科学地揭示出对象标识统一化程度可以通过物流收益水平、企业间合作水平及物流资源利用水平来改善物流资源整合水平，为研究考虑对象标识统一性的物流资源整合优化模型提供了有力的必要支撑。但要推动与指导企业利用对象标识统一性合理开展物流资源整合，除了需要明晰影响机理外，还需要更为具体的策略与方法。为此，本章将研究企业在物流资源整合中如何选择恰当的对象标识统一策略，为处于不同发展阶段、不同市场环境的企业实施对象标识统一提供理论指导。然后基于企业不同的对象标识统一策略，结合影响机理中对象标识统一化程度的作用，构建考虑对象标识统一性的物流资源整合优化模型。同时，本章还将详细研究不同物流资源整合结构下该模型的变形情况。目的是指导企业根据市场与环境变化，采用合适的物流资源，最终形成合理的物流资源整合方案。

5.1　对象标识统一策略分析

企业进行物流资源整合时，是否实施对象标识统一主要受到同类型企业与上下游不同类型企业的竞争策略影响。同类型企业间竞争的关键在于，是否实施对象标识统一来改善服务扩大市场影响力；不同类型企业间竞争的关键在于，是否实施对象标识统一来深化企业间合作、稳固市场地位。在物流资源整合中，所有企业之间都是既合作又竞争的。所以本书认为在面对对象标识统一性问题上，所有参与物流资源整合的企业都是无差异的个体，他们都要受到对象标识统一性在成本、收益、市场惩罚和合作竞争者策略的影响。为了深入分析该问题，本节将对其进行定量化研究，用来指导企业选择恰当的对象标识统一策略。

5.1.1　分析方法

企业各界纷纷认识到利用物联网技术加快物流资源整合进程的重要性，如阿里巴巴、富春集团及顺丰速运等大举发展的"菜鸟计划"就是一个典型例子。这也说明了在市场环境中，拥有大量物流资源的企业间存在竞争的同时也存在合作。因此在物流资源整合过程中，企业之间会出现合作和竞争两种态度。

有学者从信任[153][154]、组织间合作[39][155]、信息共享[156][157]等角度对企业行为进行了分析。通过研究指出企业间需要相互信任、信息共享、相互合作，借助信息技术等手段，充分利用区域物流资源，形成企业间的协作效应[39]。为了促进企业合作，学者们还提出了物流公共信息平台[158]、第三方物流[160]、第四方物流[159]、分布式合作[161][162]等整合模式。但不管在何种模式下，企业之间依旧会不断的博弈，并通过博弈结果获取对方或者外界的相关信息，然后不断地学习提高自身能力，进而改变博弈策略来适应市场变化[163]。在当前的技术环境下，对象标识统一性促进物流资源整合的显著作用已经引起了企业的关注。尤其是对象标识统一会使得原本存在的地区封锁和条块分割等问题发生变化，这也导致企业不得不对是否实施对象标识统一进行决策。所以对象标识统一性成为物流资源整合过程中企业间博弈的又一个重要因素。

尽管对象标识统一性对物流资源整合有正向影响，但不同的企业面对对象标识统一时态度表现会不尽相同，从而会出现不同的行为决策，即实施对象标识统一和不实施对象标识统一，这将影响甚至改变物流资源整合的优化结果。本节将运用博弈理论，对企业间就对象标识统一问题进行的博弈开展分析。现实生活中的博弈是一种长期的重复的博弈，博弈双方不停在博弈过程中通过获取对方或者外界的信息不断学习，改变自己的策略。其主要目的就是要找到以有限理性为基础且现实性较强的均衡。演化博弈突破了经典博弈论对参与人完全理性假设的局限性，认为参与人是有限理性的。这种假设与现实情况更为接近[164]，由此得出的博弈结果能为企业行为做出更好的预测。因此，本节将运用演化博弈，分析得到企业在实施与不实施对象标识统一策略两种情况下的收益及相关参数的情况，为企业的策略选择提供依据。

5.1.2　基本假设

企业在物流资源整合的重复博弈过程中根据博弈结果，不断模仿好的策略，以提高自身的利益。为了简化分析过程，这里将问题进行抽象，并假设如下：

（1）参与博弈的企业都拥有物流资源，这里将它们分为两个有差别的有限理性群体：企业群体 A 和企业群体 B。反复随机从两个群体各抽取一个企业成员配对进行博弈：从企业群体 A 中随机抽取的企业称为企业 A，从企业群体 B 中随机抽取的企业称为企业 B。

（2）由于不同企业的资金情况、市场地位、发展规划不同，他们消化由投资对象标识统一带来的成本的能力也有所别，所以对待对象标识统一性的态度也不尽相同。所有企业的博弈策略均会有两种：一种是选择实施对象标识统一，另一种是选择不实施对象标识统一。各企业在博弈过程中会不断的学习和思考来调整自身的策略选择，最终使企业间的博弈达到均衡。

（3）企业之间随机配对进行博弈，在企业群体 A 中有比例 x 的企业选择实施对象标识统一，有比例（$1-x$）的企业选择不实施对象标识统一。在企业群体 B 中有比例 y 的企业选择实施对象标识统一，有比例（$1-y$）的企业选择不实施对象标识统一。其中，$x \in$（0，1），$y \in$（0，1），随时间 t 的演化其比例发生变化。

（4）当博弈双方都不实施对象标识统一时，都只能获得保守的收益，企业 A 的保守收入为 Π_A，企业 B 的保守收入为 Π_B。当两者都实施对象标识统一时，物流资源整合水平提高，双方均能获得额外的收入，双方合作都实施对象标识统一带来的总收入增加量为 ΔR。企业 A 的收入增加量为 ΔR_A，企业 B 的收入增加量为 ΔR_B，且 $\Delta R = \Delta R_\mathrm{A} + \Delta R_\mathrm{B}(\Delta R_\mathrm{A} \geqslant 0，\Delta R_\mathrm{B} \geqslant 0)$。实施对象标识统一的企业将会为此付出成本，企业 A 的投资成本为 C_A，企业 B 的投资成本为 C_B。

（5）当企业 A 实施对象标识统一而企业 B 不实施时，企业 A 的收入增加量为 $\Delta R_\mathrm{A} - \delta_\mathrm{A}$。只有实施了对象标识统一的企业才会获得企业间合作的额外信息以及物流服务水平的提升，没有实施的企业 B 将由于损失部分市场份额而导致利润减少了 v_B。所以不实施对象标识统一的企业 B 不会出现搭便车的情况，其收益为 $\Pi_\mathrm{B} - v_\mathrm{B}$。同样地，如果企业 A 不实施对象标识统一而企业 B 实施，企业 A 收益为 $\Pi_\mathrm{A} - v_\mathrm{A}$，而企业 B 的收入增加量为 $\Delta R_\mathrm{B} - \delta_\mathrm{B}$，其中 $\delta_\mathrm{A} \geqslant 0$，$\delta_\mathrm{B} \geqslant 0$，且当 $\Delta R_\mathrm{A} = 0$，$\Delta R_\mathrm{B} = 0$ 时，必有 $\delta_\mathrm{A} = 0$，$\delta_\mathrm{B} = 0$。

5.1.3 稳定性分析

根据上述的假设，构建演化博弈收益矩阵，如表 5-1 所示。

表 5-1　　　　　　　　　　收益矩阵

企业 A	概率	企业 B	
		实施	不实施
		y	$1 - y$
实施	x	$\Pi_\mathrm{A} + \Delta R_\mathrm{A} - C_\mathrm{A}，\ \Pi_\mathrm{B} + \Delta R_\mathrm{B} - C_\mathrm{B}$	$\Pi_\mathrm{A} - C_\mathrm{A} + (\Delta R_\mathrm{A} - \delta_\mathrm{A})，\ \Pi_\mathrm{B} - v_\mathrm{B}$
不实施	$1 - x$	$\Pi_\mathrm{A} - v_\mathrm{A}，\ \Pi_\mathrm{B} - C_\mathrm{B} + (\Delta R_\mathrm{B} - \delta_\mathrm{B})$	$\Pi_\mathrm{A}，\ \Pi_\mathrm{B}$

在物流资源整合过程中，假设企业的物流服务价格均为 P。那

么，对于企业来说，收益上的差距主要产生在客户对物流服务的需求上。

企业 A 的保守收益函数为：

$$\Pi_A = D_A(P) \times P - D_A(P) \times \overline{C_A} \qquad (5-1)$$

企业 A 的超额收入函数为：

$$\Delta R_A = \Delta D_A(P) \times P \qquad (5-2)$$

企业 B 的保守收益函数为：

$$\Pi_B = D_B(P) \times P - D_B(P) \times \overline{C_B} \qquad (5-3)$$

企业 B 超额收入函数为：

$$\Delta R_B = \Delta D_B(P) \times P \qquad (5-4)$$

其中，$D_A(P)$ 代表企业 A 的物流服务需求量，$\overline{C_A}$ 代表企业 A 提供单位服务的成本。$\Delta D_A(P)$ 代表实施对象标识统一后企业 A 的物流服务需求改变量。$D_B(P)$ 代表企业 B 的物流服务需求量，$\overline{C_B}$ 代表企业 B 提供单位服务的成本。$\Delta D_B(P)$ 代表实施对象标识统一后企业 B 的物流服务需求改变量。为了简化博弈分析，这里认为，企业的物流供给能力都能够满足各自的物流服务需求量，即物流服务需求量就是企业实际完成的服务量。

（1）复制动态方程。

复制动态实际上是描述某一特定策略在一个种群中，被采用的频数或频度的动态微分方程。根据演化的原理，一种策略的适应度或支付比种群的平均适应度高，这种策略就会在种群中发展，即适者生存体现在这种策略的增长率 $\dfrac{1}{x_k}\dfrac{\mathrm{d}x_k}{\mathrm{d}t}$ 大于零。微分方程如下：

$$\frac{1}{x_k}\frac{\mathrm{d}x_k}{\mathrm{d}t} = \left[u(k,\ s) - u(s,\ s) \right], \quad k = 1,\ 2,\ \cdots,\ \kappa \qquad (5-5)$$

其中，x_k 表示一个种群中实施策略 k 的比例，$u(k, s)$ 表示实施 k 时的适应度（收益），$u(s, s)$ 表示平均适应度（平均收益），k 表示不同的策略。令 $F(x_k) = \dfrac{\mathrm{d}x_k}{\mathrm{d}t}$，根据微分方程的稳定性定理及演化稳定策略的性质，当 $F'(x_k^*) < 0$ 时，x_k^* 为演化稳定策略（ESS）。根据公式（5-5）计算企业 A 与企业 B 的复制动态方程。

①企业 A 的收益分析。

企业 A 选择实施对象标识统一时，其期望收益为：

$$E_{A1} = y \cdot (\varPi_A + \Delta R_A - C_A) + (1 - y) \cdot [\varPi_A - C_A + (\Delta R_A - \delta_A)]$$
$$(5-6)$$

企业 A 选择不实施对象标识统一时，其期望收益为：

$$E_{A2} = y \cdot (\varPi_A - v_A) + (1 - y) \cdot \varPi_A \qquad (5-7)$$

所以企业 A 的平均期望收益为：

$$E_A = x \cdot E_{A1} + (1 - x) \cdot E_{A2} \qquad (5-8)$$

将公式（5-6）~公式（5-8）代入公式（5-5）中，得到企业 A 的复制动态方程是：

$$\frac{\mathrm{d}x}{\mathrm{d}t} = x \cdot (E_{A1} - E_A) = x \cdot (1 - x) \cdot (E_{A1} - E_{A2})$$

$$= x \cdot (1 - x) \cdot [\Delta R_A - C_A - \delta_A + y \cdot (\delta_A + v_A)] \quad (5-9)$$

②企业 B 的收益分析。

企业 B 选择实施对象标识统一时，其期望收益为：

$$E_{B1} = x \cdot (\varPi_B + \Delta R_B - C_B) + (1 - x) \cdot [\varPi_B - C_B + (\Delta R_B - \delta_B)]$$
$$(5-10)$$

企业 B 选择不实施对象标识统一时，其期望收益为：

$$E_{B2} = x \cdot (\varPi_B - v_B) + (1 - x) \cdot \varPi_B \qquad (5-11)$$

所以企业 B 的平均期望收益为：

$$E_B = y \cdot E_{B1} + (1 - y) \cdot E_{B2} \qquad (5-12)$$

将公式（5-10）~公式（5-12）代入公式（5-5），得到企业 B 的复制动态方程：

$$\frac{dy}{dt} = y \cdot (E_{B1} - E_B) = y \cdot (1 - y) \cdot (E_{B1} - E_{B2})$$

$$= y \cdot (1 - y) \cdot [\Delta R_B - C_B - \delta_B + x \cdot (\delta_B + v_B)] \qquad (5-13)$$

（2）均衡点分析。

微分方程（5-9）和微分方程（5-13）描述了这个演化系统的群体动态，代表了博弈双方在博弈过程中学习的速度和方向。当复制动态方程等于零时，表示博弈在此时已达到一种相对稳定的均衡状态。令 $F(x) = \frac{dx}{dt} = 0$，$F(y) = \frac{dy}{dt} = 0$，将微分方程（5-9）和微分方程（5-13）联立构成方程组，求解出该系统的 5 个局部均衡点，他们分别是：O(0, 0)，A(0, 1)，B(1, 0)，C(1, 1)，$D\left(\dfrac{C_B - (\Delta R_B - \delta_B)}{\delta_B + v_B}\right.$，$\dfrac{C_A - (\Delta R_A - \delta_A)}{\delta_A + v_A}\right)\left(当 \dfrac{C_B - (\Delta R_B - \delta_B)}{\delta_B + v_B}, \dfrac{C_A - (\Delta R_A - \delta_A)}{\delta_A + v_A} \in (0, 1)\right.$ 时，D 点存在$\bigg)$。应用雅可比矩阵的局部稳定性判断该博弈过程均衡点的稳定性。演化博弈系统的雅可比矩阵为：

$$J = \begin{Bmatrix} a_{11} & a_{12} \\ a_{21} & a_{22} \end{Bmatrix}$$

其中：

$$a_{11} = (1 - 2x) \cdot [\Delta R_A - C_A - \delta_A + y \cdot (\delta_A + v_A)],$$

$$a_{12} = x \cdot (1 - x) \cdot (\delta_A + v_A)$$

$$a_{21} = y \cdot (1 - y) \cdot (\delta_B + v_B)$$

$$a_{22} = (1 - 2y) \cdot \left[\Delta R_B - C_B - \delta_B + x \cdot (\delta_B + v_B) \right]$$

如果 $a_{11} + a_{22} < 0$（迹的条件，记为 $\mathrm{Tr}J$），$\begin{vmatrix} a_{11} & a_{12} \\ a_{21} & a_{22} \end{vmatrix} = a_{11}a_{22} - a_{12}a_{21} > 0$（行列式条件，记为 $\mathrm{Det}J$），则复制动态方程的均衡点就是演化稳定策略（ESS）。

（3）稳定性分析。

收益矩阵中存在 ΔR_A，ΔR_B，v_A，v_B，C_A，C_B 6 个参数值，这些参数取值大小影响着企业的演化博弈稳定性。为此，对其进行如下具体分析。

①当 $\Delta R > 0$ 时，即对象标识统一能给参与企业带来超额收入时，企业间的演化博弈会存在四种情形（其中一种情形不成立）。

情形一：$\Delta R_A - \delta_A < C_A$，$\Delta R_B - \delta_B < C_B$，且 $\Delta R_A - C_A + v_A > 0$，$\Delta R_B - C_B + v_B > 0$。

此时企业单独实施对象标识统一获得的超额收入小于其投资成本，且企业合作实施对象标识统一后的收入大于企业损失部分利用后的收入。在该情形下，企业 A 和企业 B 博弈的演化稳定点为（0，0）和（1，1），即此时两者的行为决策是都实施对象标识统一或者都不实施对象标识统一。动态演化过程如图 5-1 所示，各均衡点的局部稳定性见表 5-2。从图 5-1 中可以看到，D 点的横纵坐标越小，ADBC 的面积越大，企业实施对象标识统一的比例越大。换句话说，如果不实施对象标识统一的企业的利润损失 v_A，v_B 比较大，或者实施对象标识统一的收入增加量 $\Delta R_A - \delta_A$，$\Delta R_B - \delta_B$ 比较大时，企业实施对象标识统一的意愿就越强。

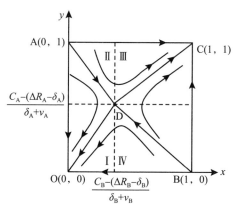

图 5 - 1　情形一的动态演化

表 5 - 2　　　　　　　　　情形一均衡点的局部稳定性

(x, y)	$\text{Det}J$	$\text{Tr}J$	结果
$(0, 0)$	+	−	ESS
$(1, 0)$	+	+	不稳定点
$(0, 1)$	+	+	不稳定点
$(1, 1)$	+	−	ESS
$\left(\dfrac{C_B - (\Delta R_B - \delta_B)}{\delta_B + v_B}, \dfrac{C_A - (\Delta R_A - \delta_A)}{\delta_A + v_A} \right)$	−	0	鞍点

从图 5 - 1 中还可以看到，当 $x \in \left(0, \dfrac{C_B - (\Delta R_B - \delta_B)}{\delta_B + v_B} \right)$，$y \in \left(0, \dfrac{C_A - (\Delta R_A - \delta_A)}{\delta_A + v_A} \right)$ 时，双方初始实施对象标识统一的意愿落在了 I 区域内，他们最终的演化稳定点是 O（0，0），即双方都不实施对象标识统一。当 $x \in \left(\dfrac{C_B - (\Delta R_B - \delta_B)}{\delta_B + v_B}, 1 \right)$，$y \in \left(\dfrac{C_A - (\Delta R_A - \delta_A)}{\delta_A + v_A}, 1 \right)$ 时，双方的初始意愿落在了 Ⅲ 区域内，这种情况下他们最终的演化稳定点

为 C（1，1），即双方都实施对象标识统一。当 $x \in$

$\left(0, \dfrac{C_B - (\Delta R_B - \delta_B)}{\delta_B + v_B}\right)$，$y \in \left(\dfrac{C_A - (\Delta R_A - \delta_A)}{\delta_A + v_A}, 1\right)$ 时，如果双方的初

始意愿落在 Ⅱ 区域的直线 AD 的上方，则演化稳定点为 C（1，1）；如果

在 Ⅱ 区域的直线 AD 的下方，则演化稳定点为 O（0，0）。当 $x \in$

$\left(\dfrac{C_B - (\Delta R_B - \delta_B)}{\delta_B + v_B}, 1\right)$，$y \in \left(0, \dfrac{C_A - (\Delta R_A - \delta_A)}{\delta_A + v_A}\right)$ 时，如果双方的

初始意愿落在 Ⅳ 区域的直线 DB 的上方，则演化稳定点为 C（1，1）；

如果在 Ⅳ 区域的直线 DB 的下方，则演化稳定点为 O（0，0）。

将公式（5-2）和公式（5-4）代入情形一的不等式中可以得

到，此时的对象标识统一带来的企业 A 需求增加量满足 $\dfrac{C_A - v_A}{P} <$

$\Delta D_A(P) < \dfrac{C_A + \delta_A}{P}$，企业 B 需求增加量满足 $\dfrac{C_B - v_B}{P} < \Delta D_B(P) <$

$\dfrac{C_B + \delta_B}{P}$。

情形二：$\Delta R_A - \delta_A < C_A$，$\Delta R_B - \delta_B < C_B$，且 $\Delta R_A - C_A + v_A < 0$，

$\Delta R_B - C_B + v_B < 0$。

此时，$\dfrac{C_A - (\Delta R_A - \delta_A)}{\delta_A + v_A} > 1$，$\dfrac{C_B - (\Delta R_B - \delta_B)}{\delta_B + v_B} > 1$，D 点不存在。

这意味着企业单独实施对象标识统一获得的超额收入小于其投资成

本，而且企业合作实施对象标识统一后的收入小于企业损失部分利润

后的收入。根据表 5-3 的分析可知，博弈的演化稳定点为 O（0，0）。

此时，双方的行为决策是都不实施对象标识统一，动态演化过程如

图 5-2 所示。

表 5 - 3　　　　　　　情形二均衡点的局部稳定性

(x, y)	Det$J$	TrJ	结果
$(0, 0)$	+	−	ESS
$(1, 0)$	−	不确定	鞍点
$(0, 1)$	−	不确定	鞍点
$(1, 1)$	+	+	不稳定点

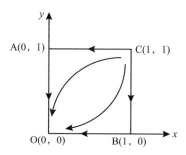

图 5 - 2　情形二的动态演化

将公式（5-2）和公式（5-4）代入上述不等式中可以得到，此时的对象标识统一带来的企业 A 需求增加量满足 $\Delta D_A(P) < \dfrac{C_A - v_A}{P}$，企业 B 需求增加量满足 $\Delta D_B(P) < \dfrac{C_B - v_B}{P}$。

情形三：$\Delta R_A - \delta_A > C_A$，$\Delta R_B - \delta_B > C_B$，且 $\Delta R_A - C_A + v_A < 0$，$\Delta R_B - C_B + v_B < 0$。

此时，企业单独实施对象标识统一后的超额收入大于其投资成本，实施对象标识统一后的收入小于企业损失部分利润后的收入。这个状态与现实不符，因此这个命题不成立。

情形四：$\Delta R_A - \delta_A > C_A$，$\Delta R_B - \delta_B > C_B$，且 $\Delta R_A - C_A + v_A > 0$，$\Delta R_B - C_B + v_B > 0$。

此时，$\dfrac{C_A - (\Delta R_A - \delta_A)}{\delta_A + v_A} < 0$，$\dfrac{C_B - (\Delta R_B - \delta_B)}{\delta_B + v_B} < 0$，D 点不存在。

由于企业单独实施对象标识统一后的超额收入大于其投资成本，合作实施对象标识统一后的收入大于企业损失部分利润后的收入，所以博弈的演化稳定点是（1，1）。具体分析见表5-4。双方都会积极地实施与推广对象标识统一，企业的不同初始意愿的动态演化过程如图5-3所示。

表5-4 情形四均衡点的局部稳定性

(x, y)	Det$J$	TrJ	结果
$(0, 0)$	+	+	不稳定点
$(1, 0)$	−	不确定	鞍点
$(0, 1)$	−	不确定	鞍点
$(1, 1)$	+	−	ESS

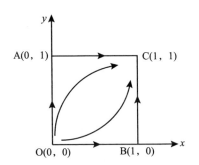

图5-3 情形四的动态演化

将公式（5-2）和公式（5-4）代入上述不等式中可以得到，此时的对象标识统一带来的企业 A 需求增加量需要满足 $\Delta D_A(P) > \frac{C_A + \delta_A}{P}$，企业 B 需求增加量需要满足 $\Delta D_B(P) > \frac{C_B + \delta_B}{P}$。

②当 $\Delta R = 0$，即对象标识统一不能给企业带来超额收入时，企

业间的演化博弈会存在两种情形。

情形五：$v_B - C_B > 0$，$v_A - C_A > 0$。

此时，不实施对象标识统一带来的利润损失大于实施对象标识统一而付出的成本，企业任何一方独自实施对象标识统一，都会使得另一方的利润损失增加，因此两者的行为决策是都实施对象标识统一或者都不实施对象标识统一。企业 A 和企业 B 博弈的演化稳定点为（0，0）和（1，1）。具体分析见表 5 - 5，动态演化过程如图 5 - 4 所示，图 5 - 4 中不同区域的演化方向与图 5 - 1 的一样，这里不再赘述。

表 5 - 5　　　　　　　　情形五均衡点的局部稳定性

(x, y)	Det$J$	TrJ	结果
（0，0）	+	−	ESS
（1，0）	+	+	不稳定点
（0，1）	+	+	不稳定点
（1，1）	+	−	ESS
$\left(\dfrac{C_B}{v_B}, \dfrac{C_A}{v_A}\right)$	−	0	鞍点

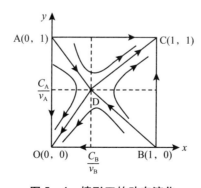

图 5 - 4　情形五的动态演化

情形六：$v_B - C_B < 0$，$v_A - C_A < 0$。

此时，$\dfrac{C_B}{v_B} > 1$，$\dfrac{C_A}{v_A} > 1$，D 点不存在。由于不实施对象标识统一给企业带来的利润损失小于实施对象标识统一而付出的成本，因此企业不会主动实施对象标识统一而是维持现状都不实施对象标识统一。此时博弈演化稳定点为（0，0）。具体分析见表 5 - 6，动态演化过程如图 5 - 5 所示。

表 5 - 6　　　　　　　　　情形六均衡点的局部稳定性

(x, y)	Det$J$	TrJ	结果
（0，0）	+	−	ESS
（1，0）	−	不确定	鞍点
（0，1）	−	不确定	鞍点
（1，1）	+	+	不稳定点

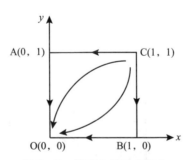

图 5 - 5　情形六的动态演化

以上就是在不同参数值影响下，物流资源整合过程中企业之间演化博弈的不同情形。

5.1.4 策略分析

从稳定性分析中可以看到，企业在物流资源整合过程中是否实施对象标识统一会受到超额收入、投资成本及利润损失等因素的影响，这也反映了对象标识统一在物流收益维度的表现对企业的策略选择有重要作用。要注意，不同的对象标识统一策略除了影响企业的收益情况外，还作用于企业的物流资源整合水平。所以企业需要结合自身的物流资源整合的发展规划，来明确对象标识统一策略。为此，这里对上文的分析进行总结，提炼出企业的具体策略，用于指导后文的研究。

（1）总结不同情形下的博弈结果可以得到，当实施对象标识统一所花费的投资成本大于企业能获得的超额收入，并且大于企业不实施对象标识统一引起的收入损失时，（0，0）是系统的唯一 ESS，即合作开展物流资源整合的企业双方都不实施对象标识统一。在这种策略作用下，这些企业会长期稳定在企业当前状态中，获取保守的利润收入。但物联网的发展以及客户的服务需求，必然会要求企业朝向共享信息的方向发展，这样还是会带来对象标识统一的需要。如果企业想要减少该部分的投资成本花费，那么可以选择在局部实现统一或者与其他企业共担投资成本，以逐步提升对象标识统一化程度，而不应该消极对待对象标识统一的发展趋势。另外，对象标识统一的投资成本是一个长期的待摊费用，企业要用发展的眼光来看待资金的投入问题。

（2）当且仅当实施对象标识统一带来的超额收入大于其投资成

本，且实施对象标识统一后的收入大于企业损失部分利润后的收入时，（1，1）是系统的唯一 ESS，即开展物流资源整合的各方企业都实施对象标识统一。在这种策略作用下，这些企业会积极地投入资金来提高对象标识统一化程度，以获取超额的收入。从推动对象标识统一发展的角度来说，这种状态会出现在对象标识统一的快速成长阶段。但当前对象标识统一所能带来的利益尚未完全显现，所以部分企业决策者还不能清晰地认识到其的重要性。随着对象标识统一的投资成本的持续下降，社会总体形势朝向该状态演进，这种状态是必然会出现的。因而企业应该尽早地获得对象标识统一带来的竞争优势，以免失去在市场中的竞争地位。

（3）除了上述两种情况外，企业间博弈后产生的均衡点均可能是（0，0）或者（1，1），这种博弈结果除了受到超额收入、投资成本及利润损失等的影响，还与两个博弈群体中企业的初始意愿有关。这也是导致各企业对象标识统一化程度各不相同的原因，但这是现实社会中最普遍存在的情况。在实际运作中，部分先进企业会率先合作逐步提高对象标识统一化程度，以尽快抢占其带来的物流资源整合的优势。当然企业都不实施对象标识统一的情况在市场中也是有生存空间的，但随着整个行业对象标识统一化程度的改善，这种空间会被快速压缩。

总体来看，在物流资源整合过程中，企业面对对象标识统一问题，将形成合作不实施对象标识统一与合作实施对象标识统一两种最终状态。但不实施对象标识统一的物流资源整合必然会慢慢处于竞争劣势，因为顺畅的信息沟通必然会提高物流资源整合的水平，进而改善逐步实施对象标识统一企业的竞争力。所以规模较小、资金能力较弱的企业在选择对象标识统一策略时，可以在短期内选择不合作实施对象标识统一，来缓解资金压力或者观察市场。但不应止步不前，应寻求机会突破自身的资金瓶颈。行业领先企业应积极合作实施对象标识统一，以提高对象标识统一化程度，扩大对象标识统一化程度对物流资源整合的作用，提升物流资源整合水平。下文将结合企业的这两种不同对象标识统一策略对物流资源整合的优化过程进行研究。

5.2　物流资源整合的问题描述

从前面分析中可以看到通过长期的演化博弈，参与物流资源整合的企业将逐步地达到博弈稳定状态，即合作实施对象标识统一和合作不实施对象标识统一。结合企业不同博弈稳定状态，本节将对物流资源整合问题进行基本描述，为下面构建基于对象标识统一性的物流资源整合优化模型奠定基础。

5.2.1　问题提出

从第 4 章的研究结果中可以看到，对象标识统一性可为企业方便获取与共享货物信息提供有效手段、可以带来企业间广泛合作；还有助于准确有效的货物信息的丰富和匹配恰当物流资源的比例升高；对企业提高资源利用率、服务水平和收益都有积极影响，所以企业要重视对象标识统一性在物流资源整合中的作用。但是对象标识统一化程度还受到企业对象标识统一策略的影响，因而企业要综合各方面的考虑，结合物流资源整合目标，选择恰当的对象标识统一策略来帮助进行物流资源整合。

在对象标识统一化趋势越来越显著的社会环境中，为了有效指导企业开展物流资源整合工作，本节将在明确物流资源整合目标和分析服务过程基础上，重点考虑对象标识统一化程度对物流资源选择的影响，构建基于对象标识统一性的物流资源整合优化模型。研究在对象标识统一化程度的推动作用下，每个环节如何将相应物流子任务分配给最合适的候选物流资源，以使物流任务被按时完成的同时满足物流资源整合目标。在模型的构建过程中，本书将物流资源整合目标具体化为物流总成本、总服务时间和物流资源利用率，将对象标识统一化程度作为各目标实现的影响参数。构建对象标识统一性影响下的物流资源整合优化模型，就是要指导企业实现服务总成本降低、服务总时间减少及物流资源利用率提高的物流资源整合。

5.2.2 服务过程

为了全面分析对象标识统一性下不同结构的物流资源整合情况，纵向、横向及网状物流资源整合的一般服务过程就需要被充分的认识，以支持下面深入研究。

（1）纵向物流资源整合的服务过程。

纵向物流资源整合涉及供应链上下游企业间的物流协作，其表现形式就是沿着供应链方向的物流资源整合。合作企业需按照供应链核心企业的要求为其提供恰当服务的同时，实现自身企业总利润

最大。在该形式中核心企业在整个供应链纵向物流资源整合中占主
导地位，因此其有重要的话语权。合作企业主要服务于核心企业，
在整合过程中服从核心企业的决策。另外，在纵向物流资源整合中
企业需要整合的上下游企业是确定的，但每个企业所拥有的物流资
源是多样的，所以由已确定的企业的何种资源提供服务需要决策，
如图 5 - 6 所示。

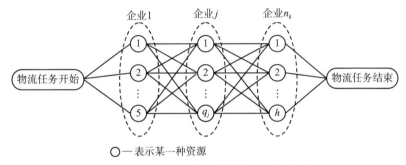

图 5 - 6　纵向物流资源整合的物流服务过程

　　由于在一定的时间段内每条供应链都需要完成多项物流任务，
所以物流资源需要在多项物流任务中调配，并在保证完成指定物流
任务的同时实现企业物流资源整合的成本最低、服务质量最好以及
物流资源利用率最高。本书研究中主要分析每个物流任务面临的物
流环节，以及每个环节面临的候选物流资源均有差异的情况。所以
在计算一段时间内完成所有物流任务时，可先分别计算企业完成单
个任务的物流成本、服务时间及物流资源利用率，然后再计算完成
所有任务的情况。

　　（2）横向物流资源整合的服务过程。

　　横向物流资源整合的主要表现形式是通过同类企业间产业联盟

来实现的跨域物流资源整合。在该形式中，参与整合的企业更加专注于如何高效地完成供应链上一个具体环节的物流任务。横向物流资源整合就是要使得某一具体物流环节的物流资源得到合理分配，最终实现企业物流资源整合的服务总成本最低、服务总时间最短以及物流资源利用率最高。在横向物流资源整合中，企业需要整合的物流资源类型是确定的，但可以提供该资源的企业很多，所以应该由哪个企业提供服务是需要进行决策的，具体如图 5-7 所示。

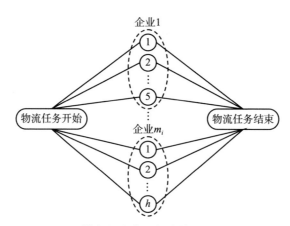

图 5-7　横向物流资源整合的物流服务过程

　　对于横向物流资源整合，本书主要分析某一时间段内企业需要完成多项物流任务的情况，这里仍然不考虑多项物流任务之间的资源冲突，但要求每项物流任务需要被分配给最为适合的企业、使用最为适合的物流资源来完成。

　　（3）网状物流资源整合的服务过程。

　　网状物流资源整合是最为复杂的物流资源整合情况，它既包含了纵向供应链的物流资源整合情况又包含了横向联盟的物流资源整合情况，这也可以说是供应链整合与横向联盟的合作形式。具体表现为：在一个物流任务中，供应链上的合作企业及横向联盟中的合作企业，需要配合运作来选择出最为合适的物流资源来完成服务。由于企业间合作情况不同，企业间可共享的物流资源信息量不同，这会使得实际情况更为复杂，尤其是在有些物流环节还面临着多个合作企业和多种物流资源需要选择的问题，如图 5 - 8 所示。

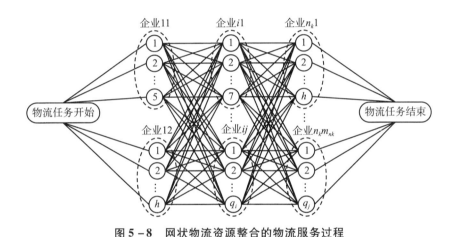

图 5 - 8　网状物流资源整合的物流服务过程

从图 5 - 8 中还可以看到，如果对象标识统一化程度得到极大提高，企业面临的可选择的物流资源将极大丰富。这也使得网状物流资源整合比横向和纵向物流资源整合过程的决策更为合理有效，同时也更为复杂。为了研究网状物流资源整合，这里仍然分析在某一时间段内企业需要完成多项物流任务的情况，并要求物流任务要被分配给最为适合的企业来完成。在网状整合中有些环节属于纵向资源整合，有些环节属于横向资源整合。为了更好地完成所有物流任务，分析如何在海量的物流资源中挑选出恰当物流资源的难度急剧上升。

5.2.3　基本假设

由于实际运作中的物流资源整合情况复杂多变，很难对其进行全面的描述。为了使本章构建的数学模型具有普遍意义，本书根据物流资源整合的目标做如下简化和假设：

（1）本书只研究在企业物流资源整合任务要求不变情况下，对象标识统一化程度发生变化时，物流资源整合过程的调整；而不考虑对象标识统一化程度变化带来的企业对物流资源整合任务要求的变化。

（2）参与物流资源整合的企业规模相当，全部已采用对象标识，且他们都有足够的物流供给能力满足物流服务的需求，物流资源在分配上不存在时间冲突。

（3）每个物流任务子环节只能选择一种最佳物流资源为其服务，每个物流任务互不交叉。

（4）主要采用物流服务时间来衡量物流服务水平。

（5）根据第4章的动力学分析可知，实施对象标识统一会使得符合条件的候选物流资源数量增加，且对象标识统一化程度与物流总成本负相关、与物流资源利用率正相关及与服务时间负相关。

（6）由于选用不同企业的不同种类物流资源的物流成本不同，且企业对物流成本较高的资源使用情况更为重视，因此在计算物流任务 a_k 的物流资源利用率时，按照每个环节花费的物流成本在整个任务总成本的占比情况来加权平均计算。

5.2.4　变量说明

本节主要是对解决上述问题所需使用的变量进行定义。在某一时间段内参与物流资源整合的企业共有 M 个，他们面临的物流任务总量为 A（$\sum\limits_{k=1}^{l} a_k = A$）。其中具体的一个物流任务 a_k 的完成需要经历 n_k 个物流环节，每个物流环节都有多种候选物流资源。但是接受物流任务的企业能力与资源有限，因此 A 个物流任务均需要多个企业协同运作来完成。由于各企业都采用了对象标识，且对象标识统一化程度的提高对企业间合作及有效提供服务的物流资源量有正向影响，所以在拥有较高对象标识统一化程度的物流资源整合过程中，符合需求的物流资源数量会增多；在对象标识统一化程度为零的物流资源整合过程中（即企业合作不实施对象标识统一的情况），企业将得不到由对象标识统一性所带来的正向作用。为了帮助分析对象标识影响下的物流资源整合过程，这里对相关变量进行定义：

（1）参数。

C：表示完成所有物流任务所允许花费的最大成本。

C_k：表示接受物流任务 a_k 的企业完成该任务所允许花费的最大成本。

T：表示完成所有物流任务所允许的最长服务时间。

T_k：表示接受物流任务 a_k 的企业完成该任务所允许的最长服务时间。

U：表示完成所有物流任务所允许的最低物流资源利用率。

U_k：表示接受物流任务 a_k 的企业完成该任务所允许的最低物流

资源利用率。

m_i：表示在物流任务 a_k 的第 i 个物流环节中候选合作企业的数量，且 $\sum\limits_{k=1}^{l} \sum\limits_{i=1}^{n_k} m_i = M$。

q_j：表示在物流任务 a_k 的第 i 个物流环节的第 j 个候选合作企业中的候选物流资源的数量。

x_{ijg}^k：表示在物流任务 a_k 中，满足第 i 个物流环节的服务需求，需要的第 j 个企业第 g 种资源的数量，其中 $x_{ijg}^k \in N$。

y_{ijg}^k：表示在完成物流任务 a_k 中，第 i 个物流环节的第 j 个企业的单位第 g 种资源所提供的服务量。

y_i^k：表示在完成物流任务 a_k 中，第 i 个物流环节需要提供的物流服务量。

F_{ij}^k：表示在物流任务 a_k 中，采用第 i 个物流环节的第 j 个企业的物流资源时所需要消耗的固定成本。

p_{ijg}^k：表示在物流任务 a_k 中，第 i 个物流环节的第 j 个企业的单位第 g 种资源的服务价格。

t_{ijg}^k：表示在物流任务 a_k 中，第 i 个物流环节的第 j 个企业的第 g 种资源完成指定物流任务所需要消耗的时间。

v：表示参与物流资源整合的企业整体对象标识统一化程度，且 $0 \leqslant v \leqslant 1$。当 $v = 0$ 时表示企业合作不实施对象标识统一的情况，当 $v > 0$ 时表示企业合作实施对象标识统一的情况。要注意的是，v 是一个逐渐趋向而不等于 1 的值。

对象标识统一化程度除了作用于有效提供服务的符合条件的候选物流资源数量，还对物流资源整合中的收益和服务有影响。这里结合第 4 章分析，假设与 v 有关的两个影响系数分别为：物流成本影响系数和服务时间影响系数。

$1 - b_1 v$：表示物流成本影响系数（$0 < b_1 < 1$）。

$1 - b_2 v$：表示服务时间影响系数（$0 < b_2 < 1$）。

（2）决策变量。

e_{ij}^k：$0 - 1$ 变量。当 $e_{ij}^k = 1$ 时表示在完成物流任务 a_k 过程中，第 i 个物流环节的第 j 个企业被选中（$i = 1$，2，$\cdots$，n_k，$j = 1$，2，$\cdots$，m_i）。

h_{ijg}^k：$0 - 1$ 变量。当 $h_{ijg}^k = 1$ 时表示在完成物流任务 a_k 过程中，第 i 个物流环节的第 j 个企业的第 g 种资源被选中提供服务（$i = 1$，2，$\cdots$，n_k，$j = 1$，2，$\cdots$，m_i，$g = 1$，2，$\cdots$，q_j）。

所有物流任务都需要企业之间协同完成，并保证企业物流资源整合收益增加、物流成本降低、物流服务水平及物流资源利用率提高。基于上述问题描述与变量假设，下面将对考虑对象标识统一性的物流资源整合优化过程进行分析。

5.3　物流资源整合优化模型

从物流资源整合的服务过程分析中可以看到，网状物流资源整合服务过程是最为复杂的情况。当每个环节的合作企业确定时，其转化为纵向物流资源整合结构；当服务过程只包含唯一一个环节时，其便转化为横向物流资源整合结构。所以说，网状物流资源整合是一个综合形式，具有普适性，纵向和横向物流资源整合均为其特例。本节将首先根据网状物流资源整合的服务过程，构建物流资源整合优化模型，然后分别讨论特例情况下的物流资源整合优化模型的变形。

5.3.1 模型构建

当企业要同时保证物流总成本、总服务时间及物流资源利用率三个目标实现最优时会发现，物流总成本最低情况下的总服务时间及物流资源利用率一般不满足需求；总服务时间最短情况下的物流总成本及物流资源利用率往往也不尽如人意。也就是说，三个目标函数之间存在背反效应，因此本书在构建模型时，主要考虑运用多目标函数来解决问题。还要注意的是，在本书研究的网状物流资源整合中，每个物流任务包含的物流环节及每个环节的候选物流资源均不同。所以在计算一段时间内完成的所有物流任务时，可先分别计算单个任务的物流成本、服务时间及物流资源利用率，然后再将多个物流任务的物流成本和服务时间求和。其中，物流资源利用率不能简单相加，需要根据成本的占比情况求加权平均数。这里首先具体分析完成一个物流任务的资源整合决策过程，然后得到一段时间内完成所有物流任务的决策方案。

网状物流资源整合的一个具体物流任务 a_k，在每个物流环节中都需要对采用哪个企业以及用该企业的何种资源进行决策，因而 $e_{ij}^k(i=1, 2, \cdots, n_k, j=1, 2, \cdots, m_i)$ 成为关键的决策变量。这里假设每个环节的候选企业和候选资源不受上一环节选择的影响，我们可以得到物流资源整合优化模型如下：

（1）面对一个具体物流任务 a_k 时的优化模型。

该优化模型的三个目标函数如下：

①完成一个具体物流任务 a_k 的物流总成本（C'_k）最小化。

$$\min C'_k = \left\{ (1 - b_1 v) \cdot \left(\sum_{i=1}^{n_k} \sum_{j=1}^{m_i} \sum_{g=1}^{q_j} e_{ij}^k \cdot p_{ijg}^k \cdot h_{ijg}^k \cdot x_{ijg}^k + \sum_{i=1}^{n_k} \sum_{j=1}^{m_i} e_{ij}^k \cdot F_{ij}^k \right) \right\}$$

$$(5 - 14)$$

当企业都合作不实施对象标识统一时，对象标识统一化程度 $v =$ 0。C'_k 主要由物流可变成本和固定成本组成，其中 $\sum_{i=1}^{n_k} \sum_{j=1}^{m_i} \sum_{g=1}^{q_j} e_{ij}^k \cdot p_{ijg}^k \cdot h_{ijg}^k \cdot x_{ijg}^k$ 表示在企业都不实施对象标识统一进行合作时的物流可变成本，$\sum_{i=1}^{n_k} \sum_{j=1}^{m_i} e_{ij}^k \cdot F_{ij}^k$ 则表示该情况下的固定成本。当企业之间合作实施对象标识统一后，$v > 0$，其可以通过物流成本影响系数（$1 - b_1 v$）作用于物流总成本，进而带来整个物流总成本的下降。

在第 4 章的分析中可以发现，从整个物流行业来看，尽管对象标识统一会增加技术投资成本，但是对象标识统一化程度仍然还是与物流总成本呈现出非线性负相关关系。所以本书在成本计算时，采取了物流行业的总体水平，认为对象标识统一化程度与物流总成本是负相关的，而不再细究物流总成本中具体各组成成本的变化情况。尤其通过回归分析发现，不同的 v 值对应着不同的 b_1，即 $b_1 = g_1(v)$。

运用第 4 章中的对象标识统一性影响物流资源整合的关系模型，得到不同 v 值下的物流总成本的变化数据，然后求出不同 v 值下的 b_1。运用 SPSS 软件对该组数据进行回归分析得到 b_1 与 v 之间的联系，假设 $b_1 = mv + n$，得到如表 5 - 7 所示的回归分析及检验结果。

表 5 - 7 回归分析及检验结果

模型	m	n	R^2	调整 R^2	F
结果	1.429***	-0.148	0.883	0.87	

注：*** $p < 0.001$。

分析结果表明 b_1 与对象标识统一化程度 v 有显著的线性关系，其具体的表达式为 $b_1 = 1.429v - 0.148$。

②完成一个具体物流任务 a_k 的总服务时间（T'_k）最短。

物流任务花费的时间是各环节花费时间之和，因此其总服务时间最短的目标函数为：

$$\min T'_k = （1 - b_2 v）\cdot \sum_{i=1}^{n_k} \sum_{j=1}^{m_i} \sum_{g=1}^{q_j} e_{ij}^k \cdot t_{ijg}^k \cdot h_{ijg}^k \qquad （5 - 15）$$

其中，$\sum_{i=1}^{n_k} \sum_{j=1}^{m_i} \sum_{g=1}^{q_j} e_{ij}^k \cdot t_{ijg}^k \cdot h_{ijg}^k$ 表示企业都合作不实施对象标识统一时的总服务时间。当实施对象标识统一后，$v > 0$，并通过服务时间影响系数（$1 - b_2 v$）作用于总服务时间，进而带来完成该物流任务的总服务时间缩短。通过第 4 章的分析得知，对象标识统一化程度会带来企业间合作比例提升，而企业间合作水平提高最为直观的反映就是服务时间的缩短。由于当前的统计数据中没有对物流行业的服务时间改善情况的统计，所以本书的服务时间影响系数，需要根据具体的参与物流资源整合的合作企业对象标识统一化程度 v 和企业间合作比例情况调研得到。由于从第 4 章的动力学分析可以看到，企业间合作比例是 v 的函数，所以服务时间影响系数也是 v 的函数。据此本书在计算总服务时间时，认为对象标识统一化程度与总服务时间是负相关关系，还受到服务时间影响系数（$1 - b_2 v$）的作用。要注意不同的 v 值带来不同的效果，即 b_2 的取值不同，$b_2 = g_2(v)$。

③完成一个具体物流任务 a_k 物流资源利用率（U'_k）最大。

由于参与整合的物流资源众多，所以计算物流资源利用率时，根据成本情况求加权平均数，这将避免任务量以及量纲带来的误差。具体的目标函数为：

$$\max U'_k =$$

$$\sum_{i=1}^{n_k} \left[\frac{\sum\limits_{j=1}^{m_i} \sum\limits_{g=1}^{q_j} e_{ij}^k \cdot p_{ijg}^k \cdot h_{ijg}^k \cdot x_{ijg}^k + \sum\limits_{j=1}^{m_i} e_{ij}^k \cdot F_{ij}^k}{\sum\limits_{i=1}^{n_k} \sum\limits_{j=1}^{m_i} \sum\limits_{g=1}^{q_j} e_{ij}^k \cdot p_{ijg}^k \cdot h_{ijg}^k \cdot x_{ijg}^k + \sum\limits_{i=1}^{n_k} \sum\limits_{j=1}^{m_i} e_{ij}^k \cdot F_{ij}^k} \cdot \frac{y_i^k}{\sum\limits_{j=1}^{m_i} \sum\limits_{g=1}^{q_j} h_{ijg}^k \cdot x_{ijg}^k \cdot y_{ijg}^k} \right]$$

$$(5-16)$$

从公式（5-16）中可以看到，完成一个具体物流任务 a_k 物流资源利用率 U'_k 与物流总成本、总服务时间不同，它没有被对象标识统一化程度 v 直接影响。这是因为 U'_k 要按照成本进行加权平均，所以化简后成本影响系数就被消除了。另外，从图 4-8 中也可看到，对象标识统一化程度可以影响物流资源利用率，但主要是通过其他变量对其产生间接的作用。因此，本书在求解物流资源利用率时，不考虑引入关于 v 的影响系数。

为了完成上述多个目标，还受到多方面的变量限制，其约束条件为：

i）成本限制。为了完成物流任务 a_k，物流资源整合参与企业花费的总成本不得超过该任务的最高花费要求 C_k，即：

$$(1 - b_1 v) \cdot \left(\sum_{i=1}^{n_k} \sum_{j=1}^{m_i} \sum_{g=1}^{q_j} e_{ij}^k \cdot p_{ijg}^k \cdot h_{ijg}^k \cdot x_{ijg}^k + \sum_{i=1}^{n_k} \sum_{j=1}^{m_i} e_{ij}^k \cdot F_{ij}^k \right) \leqslant C_k$$

ii）服务质量限制。企业提供服务的时间不得超过该任务要求的最长服务时间 T_k，即：

$$(1 - b_2 v) \cdot \sum_{i=1}^{n_k} \sum_{j=1}^{m_i} \sum_{g=1}^{q_j} e_{ij}^k \cdot t_{ijg}^k \cdot h_{ijg}^k \leqslant T_k$$

iii）物流资源利用率限制。企业提供服务的物流资源利用率不得小于该任务要求的最低物流资源利用率 U_k，即：

$$\sum_{i=1}^{n_k} \left[\frac{\sum_{j=1}^{m_i} \sum_{g=1}^{q_j} e_{ij}^k \cdot p_{ijg}^k \cdot h_{ijg}^k \cdot x_{ijg}^k + \sum_{j=1}^{m_i} e_{ij}^k \cdot F_{ij}^k}{\sum_{i=1}^{n_k} \sum_{j=1}^{m_i} \sum_{g=1}^{q_j} e_{ij}^k \cdot p_{ijg}^k \cdot h_{ijg}^k \cdot x_{ijg}^k + \sum_{i=1}^{n_k} \sum_{j=1}^{m_i} e_{ij}^k \cdot F_{ij}^k} \cdot \frac{y_i^k}{\sum_{j=1}^{m_i} \sum_{g=1}^{q_j} h_{ijg}^k \cdot x_{ijg}^k \cdot y_{ijg}^k} \right] \geqslant U_k$$

iv）服务能力要求。每个环节企业提供的物流服务量不小于该环节需要的物流服务量，即 $\sum_{j=1}^{m_i} \sum_{g=1}^{q_j} h_{ijg}^k \cdot x_{ijg}^k \cdot y_{ijg}^k \geqslant y_i^k$。

v）决策变量满足在一个具体物流任务中，每一个环节有且只有一个企业被选中提供服务，即 $\sum_{i=1}^{n_k} \sum_{j=1}^{m_i} \sum_{g=1}^{q_j} e_{ij}^k \cdot h_{ijg}^k = 1$。

vi）决策变量限制。h_{ijg}^k，e_{ij}^k 是决策变量，e_{ij}^k，$h_{ijg}^k \in \{0, 1\}$，其中（$i = 1, 2, \cdots, n_k$，$j = 1, 2, \cdots, m_i$，$g = 1, 2, \cdots, q_j$，$k = 1, 2, \cdots, l$）。

从网状物流资源整合的一个具体物流任务的优化模型中可以看到，该模型的运算量大，但是每个环节的候选企业和候选资源不受上一环节的影响。故当要计算完成所有物流任务量时，可以先对一个具体物流任务的优化模型进行求解。

（2）完成物流任务总量 A 时的优化模型。

在某一段时间内，完成任意一个物流任务的过程都与物流任务 a_k 相似，所以完成所有物流任务 A 的物流资源整合优化模型的目标函数如下所示。

$$\begin{cases} \min C' = \displaystyle\sum_{k=1}^{l} C'_k \\[2ex] \min T' = \displaystyle\sum_{k=1}^{l} T'_k \\[2ex] \max U' = \displaystyle\sum_{k=1}^{l} \left(\dfrac{C'_k}{\displaystyle\sum_{k=1}^{l} C'_k} \times U'_k \right) \end{cases} \quad (5-17)$$

其中，C' 表示完成所有物流任务 A 所需的物流总成本，T' 表示完成所有物流任务 A 所需的总服务时间，U' 表示完成所有物流任务 A 的物流资源利用率。

根据完成单任务时的约束条件，我们可以得到多任务在成本、服务时间、物流资源利用率以及决策变量方面的约束条件方程组如下：

$$\text{s. t.} \begin{cases} \displaystyle\sum_{k=1}^{l} C'_k \leqslant C \\[2ex] \displaystyle\sum_{k=1}^{l} T'_k \leqslant T \\[2ex] \displaystyle\sum_{k=1}^{l} \left(\dfrac{C'_k}{\displaystyle\sum_{k=1}^{l} C'_k} \times U'_k \right) \geqslant U \\[2ex] \displaystyle\sum_{j=1}^{m_i} \sum_{g=1}^{q_j} h_{ijg}^k \cdot x_{ijg}^k \cdot y_{ijg}^k \geqslant y_i^k \\[2ex] \displaystyle\sum_{i=1}^{n_k} \sum_{j=1}^{m_i} \sum_{g=1}^{q_j} e_{ij}^k \cdot h_{ijg}^k = 1 \\[2ex] h_{ijg}^k \in \{0, 1\} \\[1ex] e_{ij}^k \in \{0, 1\} \\[1ex] (i=1, 2, \cdots, n_k, \; j=1, 2, \cdots, m_i, \; g=1, 2, \cdots, q_j, \; k=1, 2, \cdots, l) \end{cases}$$

$$(5-18)$$

上述约束方程式组表达的意思是：完成所有物流任务 A 所需的物流总成本 C' 要不大于完成所有物流任务 A 允许花费的最大物流成本 C；完成所有物流任务 A 所需的总服务时间 T' 要不大于完成所有物流任务 A 允许花费的最长服务时间 T；完成所有物流任务 A 的物流资源利用率 U' 要不小于完成所有物流任务 A 允许的最小物流资源利用率 U；在完成所有物流任务的过程中，任一环节企业提供的物流服务量不小于该环节需要的物流服务量；每个环节有且只有一个企业被选中来提供物流服务。另外，还要注意的是：在完成物流任务总量 A 时的优化模型中，物流资源利用率的计算，要根据完成每个物流任务所花费的成本在完成所有物流任务所花费的总成本中的占比情况，来加权平均计算。

本节构建的物流资源整合优化模型，可以帮助企业根据物流任务及合作企业的具体情况，做出合理的物流资源整合优化方案。其中，当 $v = 0$ 时，表示的是企业都合作不实施对象标识统一情况下物流资源整合优化模型。与网状物流资源整合相比，纵向和横向物流资源整合优化过程相对简单，与它们相对应的模型可以由本节提出的物流资源整合优化模型变形得到。所以，下面将分别探讨物流资源整合优化模型下的纵向变形和横向变形，用以指导纵向和横向物流资源整合。

5.3.2　模型的纵向变形

在纵向物流资源整合中，每个物流环节的合作企业是唯一确定的。在这种情况下，$j = 1$，变量 e_{ij}^k 的取值恒等于 1。又如，x_{i1g}^k 表示

在物流任务 a_k 中满足第 i 个物流环节的服务需求,需要第 i 个物流环节中唯一确定的企业的第 g 种资源的数量。基于上述变化,物流资源整合优化模型将发生纵向变形。

（1）面对一个具体物流任务 a_k 时优化模型的纵向变形。

优化模型纵向变形的三个目标函数如下:

①完成一个具体物流任务 a_k 的物流总成本（C_k'）最小化。

$$\min C_k' = \left\{ (1 - b_1 v) \cdot \left(\sum_{i=1}^{n_k} \sum_{g=1}^{q_i} p_{i1g}^k \cdot h_{i1g}^k \cdot x_{i1g}^k + \sum_{i=1}^{n_k} F_{i1}^k \right) \right\}$$

$$(5-19)$$

企业都合作不实施对象标识统一策略时,$v = 0$,对象标识统一化程度对物流总成本没有影响。物流总成本仍然是由物流可变成本与固定成本组成,F_{i1}^k 表示企业都不合作实施对象标识统一时,在物流任务 a_k 中,第 i 个环节选用指定企业时需要消耗的固定成本。纵向物流资源整合每个环节的合作企业是固定的,因此固定成本只需将各环节企业的固定成本求和即可。当实施对象标识统一后,$v > 0$,并通过物流成本影响系数（$1 - b_1 v$）作用于物流总成本。

②完成一个具体物流任务 a_k 的总服务时间（T_k'）最短。

对于纵向物流资源整合,物流任务花费的时间仍然是各环节花费时间之和。因此其总服务时间最短的目标函数为:

$$\min T_k' = (1 - b_2 v) \cdot \sum_{i=1}^{n_k} \sum_{g=1}^{q_i} t_{i1g}^k \cdot h_{i1g}^k \qquad (5-20)$$

在公式（5-20）中,当 $v = 0$ 时,表示的是企业都不实施对象标识统一进行合作时的总服务时间;$v > 0$ 时,对象标识统一化程度 v 可以通过时间影响系数（$1 - b_2 v$）作用于总服务时间。

③完成一个具体物流任务 a_k 物流资源利用率（U'_k）最大。

这里仍然采用加权平均数求物流资源利用率，但由于每个环节的合作企业是固定的，所以物流资源利用率只要计算每个环节指定合作企业的物流资源利用情况即可。

$$\max U'_k = \sum_{i=1}^{n_k} \left[\frac{\sum\limits_{g=1}^{q_i} p_{i1g}^k \cdot h_{i1g}^k \cdot x_{i1g}^k + F_{i1}^k}{\sum\limits_{i=1}^{n_k} \sum\limits_{g=1}^{q_i} p_{i1g}^k \cdot h_{i1g}^k \cdot x_{i1g}^k + \sum\limits_{i=1}^{n_k} F_{i1}^k} \times \frac{y_i^k}{\sum\limits_{g=1}^{q_i} h_{i1g}^k \cdot x_{i1g}^k \cdot y_{i1g}^k} \right]$$

$$(5-21)$$

上述多个目标的约束条件为：

i）成本限制。$(1 - b_1 v) \cdot \left(\sum\limits_{i=1}^{n_k} \sum\limits_{g=1}^{q_i} p_{i1g}^k \cdot h_{i1g}^k \cdot x_{i1g}^k + \sum\limits_{i=1}^{n_k} F_{i1}^k \right) \leqslant C_k$。

ii）服务时间限制。$(1 - b_2 v) \cdot \sum\limits_{i=1}^{n_k} \sum\limits_{g=1}^{q_i} t_{i1g}^k \cdot h_{i1g}^k \leqslant T_k$。

iii）物流资源利用率限制。$\sum\limits_{i=1}^{n_k} \left[\frac{\sum\limits_{g=1}^{q_i} p_{i1g}^k \cdot h_{i1g}^k \cdot x_{i1g}^k + F_{i1}^k}{\sum\limits_{i=1}^{n_k} \sum\limits_{g=1}^{q_i} p_{i1g}^k \cdot h_{i1g}^k \cdot x_{i1g}^k + \sum\limits_{i=1}^{n_k} F_{i1}^k} \times$

$\frac{y_i^k}{\sum\limits_{g=1}^{q_i} h_{i1g}^k \cdot x_{i1g}^k \cdot y_{i1g}^k} \Bigg] \geqslant U_k$。

iv）服务能力要求。$\sum\limits_{g=1}^{q_i} h_{i1g}^k \cdot x_{i1g}^k \cdot y_{i1g}^k \geqslant y_i^k$。

v）决策变量限制。h_{i1g}^k 是决策变量，$h_{i1g}^k \in \{0, 1\}$，其中（$i = 1, 2, \cdots, n_k, g = 1, 2, \cdots, q_i$）。

由于纵向物流资源整合中，每个环节有且仅有一个指定合作企业提供物流服务，所以决策变量只有 h_{i1g}^k，即 $\sum\limits_{i=1}^{n_k} \sum\limits_{j=1}^{m_i} \sum\limits_{g=1}^{q_j} e_{ij}^k \cdot h_{ijg}^k = 1$

是必然满足的。

（2）完成所有物流任务 A 时优化模型的纵向变形。

多任务情况下优化模型纵向变形的目标函数与优化模型的形式是一致的，即：

$$
\begin{cases}
\min C' = \sum_{k=1}^{l} C_k' \\[2ex]
\min T' = \sum_{k=1}^{l} T_k' \\[2ex]
\max U' = \sum_{k=1}^{l} \left(\dfrac{C_k'}{\sum_{k=1}^{l} C_k'} \times U_k' \right)
\end{cases}
\tag{5-22}
$$

其中，C' 表示完成所有物流任务 A 所需的物流总成本，T' 表示完成所有物流任务 A 所需的总服务时间，U' 表示完成所有物流任务 A 的物流资源利用率。

其约束条件方程组如下：

$$
\text{s. t.}
\begin{cases}
\sum_{k=1}^{l} C_k' \leqslant C \\[2ex]
\sum_{k=1}^{l} T_k' \leqslant T \\[2ex]
\sum_{k=1}^{l} \left(\dfrac{C_k'}{\sum_{k=1}^{l} C_k'} \times U_k' \right) \geqslant U \\[2ex]
\sum_{g=1}^{q_i} h_{i1g}^k \cdot x_{i1g}^k \cdot y_{i1g}^k \geqslant y_i^k \\[2ex]
h_{i1g}^k \in \{0,\ 1\} \\[1ex]
(i=1,\ 2,\ \cdots,\ n_k,\ g=1,\ 2,\ \cdots,\ q_i,\ k=1,\ 2,\ \cdots,\ l)
\end{cases}
$$

$$
\tag{5-23}
$$

在物流资源整合优化模型纵向变形的约束条件中，可以看到它与公式（5－18）最大的差别在于 $j=1$，即变量 e_{ij}^k 的取值恒等于 1，表示每个环节的合作企业已经确定。其中物流资源利用率的计算，依然是要根据完成每个物流任务所花费的成本在完成所有物流任务所花费的总成本中的占比情况，来加权平均计算。以上就是在单任务及多任务情况下物流资源整合优化模型的纵向变形，该变形可以指导企业对纵向物流资源整合的业务做出合理的整合优化方案。

5.3.3　模型的横向变形

在横向物流资源整合中需要整合的物流环节明确，所以在这种情况下 $i=1$。当 $e_{1j}^k=1$ 时表示在完成物流任务 a_k 过程中，需要整合的物流环节中的第 j 个企业被选中。例如 x_{1jg}^k 表示在物流任务 a_k 中，满足指定物流环节的服务需求需要该环节的第 j 个企业第 g 种资源的数量，$h_{1jg}^k=1$ 表示在物流任务 a_k 的指定物流环节中第 j 个企业的第 g 种资源被选中提供服务。那么，在横向物流资源整合中，当企业面临一个具体物流任务 a_k 时，物流资源整合优化模型的横向变形如下：

（1）面对一个具体物流任务 a_k 时优化模型的横向变形。

优化模型横向变形的三个目标函数如下：

①完成一个具体物流任务 a_k 的物流总成本（C_k'）最小化。

可以完成指定环节物流任务的企业及物流资源都很多，因此要选取花费物流成本最小的物流资源提供服务。所以物流总成本的目标函数为：

$$\mathrm{min}C_k' = \left\{ (1 - b_1 v) \cdot \left(\sum_{j=1}^{m_0} \sum_{g=1}^{q_j} e_{1j}^k \cdot p_{1jg}^k \cdot h_{1jg}^k \cdot x_{1jg}^k + \sum_{j=1}^{m_0} e_{1j}^k \cdot F_{1j}^k \right) \right\}$$

$$(5 - 24)$$

当企业都不实施对象标识统一进行合作时 $v = 0$，此时对象标识统一化程度对物流总成本没有任何影响。由于物流环节是明确的，所以该环节的候选企业的数量随之确定，即 m_0 是确定的已知量。F_{1j}^k 表示企业都不实施对象标识统一时，在物流任务 a_k 的整合环节中，选用第 j 个企业所需要消耗的固定成本。由于横向物流资源整合中的企业是需要决策的，因此固定成本也需要根据实际参与整合的企业情况进行计算。当 $v > 0$ 时，对象标识统一化程度 v 通过物流成本影响系数 $(1 - b_1 v)$ 作用于物流总成本。

②完成一个具体物流任务 a_k 的总服务时间（T_k'）最短。

选取服务时间最短的物流资源提供服务。因此，总的物流服务时间为

$$\mathrm{min}T_k' = (1 - b_2 v) \cdot \sum_{j=1}^{m_0} \sum_{g=1}^{q_j} e_{1j}^k \cdot t_{1jg}^k \cdot h_{1jg}^k \qquad (5 - 25)$$

当 $v = 0$ 时，表示的是企业都不实施对象标识统一进行合作时的总服务时间，当 $v > 0$ 时，对象标识统一化程度 v 通过物流时间影响系数 $(1 - b_2 v)$ 作用于总服务时间。

③完成一个具体物流任务 a_k 的物流资源利用率（U_k'）最大。

由于横向物流资源整合只有一个物流环节，因此这里的物流资源利用率就是所选取的物流资源的实际利用情况，而无须加权平均计算，具体目标函数为：

$$\mathrm{max}U_k' = \frac{y_1^k}{\sum\limits_{j=1}^{m_0} \sum\limits_{g=1}^{q_j} e_{1j}^k \cdot h_{1jg}^k \cdot x_{1jg}^k \cdot y_{1jg}^k} \qquad (5 - 26)$$

为了完成上述多个目标，还受到多方面的约束限制，具体如下：

i）成本限制。$(1 - b_1 v) \cdot (\sum_{j=1}^{m_0} \sum_{g=1}^{q_j} e_{1j}^k \cdot p_{1jg}^k \cdot h_{1jg}^k \cdot x_{1jg}^k + \sum_{j=1}^{m_0} e_{1j}^k \cdot F_{1j}^k) \leqslant C_k$。

ii）服务时间限制。$(1 - b_2 v) \cdot \sum_{j=1}^{m_0} \sum_{g=1}^{q_j} e_{1j}^k \cdot t_{1jg}^k \cdot h_{1jg}^k \leqslant T_k$。

iii）物流资源利用率限制。$\dfrac{y_1^k}{\sum_{j=1}^{m_0} \sum_{g=1}^{q_j} e_{1j}^k \cdot h_{1jg}^k \cdot x_{1jg}^k \cdot y_{1jg}^k} \geqslant U_k$。

iv）服务能力要求。$\sum_{j=1}^{m_0} \sum_{g=1}^{q_j} e_{1j}^k \cdot h_{1jg}^k \cdot x_{1jg}^k \cdot y_{1jg}^k \geqslant y_1^k$。

v）并满足在一个具体物流任务中 $\sum_{j=1}^{m_0} \sum_{g=1}^{q_j} e_{1j}^k \cdot h_{1jg}^k = 1$。

vi）决策变量限制。在决策变量限制方面，h_{1jg}^k、e_{1j}^k 是决策变量，e_{1j}^k，$h_{1jg}^k \in \{0, 1\}$，其中 $(j = 1, 2, \cdots, m_0, g = 1, 2, \cdots, q_j)$

由于横向物流资源整合中，仅在某一个物流环节进行物流资源整合，所以从公式中也可以看到，其与纵向变形最大的不同就是 $i = 1$。

（2）完成所有物流任务 A 时的优化模型的横向变形。

横向物流资源整合在计算多任务时的思路与网状、纵向物流资源整合一致，因此多任务情况下的优化模型横向变形的目标函数如下所示：

$$\begin{cases} \min C' = \sum_{k=1}^{l} C_k' \\ \\ \min T' = \sum_{k=1}^{l} T_k' \\ \\ \max U' = \sum_{k=1}^{l} \left(\dfrac{C_k'}{\sum_{k=1}^{l} C_k'} \times U_k' \right) \end{cases} \qquad (5-27)$$

其约束条件方程组为：

$$
\text{s. t.}
\begin{cases}
\displaystyle\sum_{k=1}^{l} C_k' \leqslant C \\[3mm]
\displaystyle\sum_{k=1}^{l} T_k' \leqslant T \\[3mm]
\displaystyle\sum_{k=1}^{l} \left(\frac{C_k'}{\displaystyle\sum_{k=1}^{l} C_k'} \times U_k' \right) \geqslant U \\[5mm]
\displaystyle\sum_{j=1}^{m_0} \sum_{g=1}^{q_j} e_{1j}^{k} \cdot h_{1jg}^{k} \cdot x_{1jg}^{k} \cdot y_{1jg}^{k} \geqslant y_1^{k} \\[5mm]
\displaystyle\sum_{j=1}^{m_0} \sum_{g=1}^{q_j} e_{1j}^{k} \cdot h_{1jg}^{k} = 1 \\[3mm]
h_{ijg}^{k} \in \{0, 1\} \\[2mm]
e_{ij}^{k} \in \{0, 1\} \\[2mm]
(j=1, 2, \cdots, m_0, \ g=1, 2, \cdots, q_j, \ k=1, 2, \cdots, l)
\end{cases}
$$

$$(5-28)$$

尽管在计算单个物流任务时物流资源利用率无须求加权平均数，但在计算完成所有物流任务 A 时的物流资源利用率时，仍然要依据成本求加权平均数，如公式（5－27）所示。以上就是在单任务及多任务情况下物流资源整合优化模型的横向变形，该变形可以指导企业对横向物流资源整合的业务做出合理的整合优化方案。

5.4　算　法　设　计

为了对物流资源整合优化模型及其变形形式进行求解，本节根据该问题的具体情况，设计采用基于逼近理想点的遗传算法进行计算。设计过程中还将进一步分析物流资源整合优化模型的纵向和横向变形的求解过程。

5.4.1 算法选择

从物流资源整合优化模型中可以看到，对它的求解将是一个很复杂的计算过程，尤其是物流成本、服务时间、物流资源利用率之间还存在背反效应。所以求解的结果只能是一组帕雷托（Pareto）最优解，而不会是使多个目标都能达到最优的最优解。为了求解该物流资源整合优化模型，这里首先要明确解多目标优化的一般思路。首先，将多目标优化问题转化为单目标优化问题进行处理。该过程可采用的方法主要有线性加权求和法、极大极小法、逼近理想点法等。在加权求和法的过程中还涉及如何给各子目标分配恰当权重的问题，当前主要存在主观赋权法、客观赋权法和综合赋权法。但加权求和法对不同量纲的目标合成后的目标实际意义不明确，因此本书不选用线性加权求和法。逼近理想点法则是通过尽量选择接近理想解的方案来寻求相对满意解，这种方法更为贴近决策者的思维习惯，所以本书选用逼近理想点法来将多目标函数转化为单目标函数。

在解决了转换问题后，计算过程就可结合转换后的优化模型的自身特征，来寻找最终合适的求解方法。要注意的是：（1）优化模型中的不同目标函数之间存在背反效应，所以转换为单目标函数后，求解该模型仍然会出现多个满意解的情况；（2）物流资源整合通常包含有多个环节、多个企业及多种物流资源，因而会使得候选方案多、计算量大，增加了求解过程的复杂性；（3）转换后的单目标函数是一个非线性的函数，所以要考虑计算过程避免陷入局部最优解的情况。综合上述考虑，本书认为需要运用智能算法，如禁忌搜索算法、遗传算法、蚁群算法、模拟退火算法、粒子群算法等进行运算。这些智能算法之间有着紧密的联系，他们的共同特点是模拟自然过程。很多学者对这些算法在物流资源整合中的应用进行了探讨，也取得了丰富的研究成果。由于本书更为关注对模型求解，而不研究算法的改进，所以将选择在多目标优化问题中应用较为普遍的算法来求解模型。

遗传算法在解决多目标优化问题中得到了非常广泛的应用，并被证明是求解多目标非线性优化问题的有效手段[165]。遗传算法（genetic algorithm，GA）是模拟达尔文生物进化论的自然选择和遗传学机理的生物进化过程的计算模型，是一种通过模拟自然进化过程搜索最优解的方法[166]。他对目标函数的可微性、凸性等均无特殊要求，并具有极强的鲁棒性和内在的并行计算机制。传统搜索方法是从单点出发进行优化，这类方法在多峰函数优化中，极易陷入局部最优解的陷阱。而 GA 是从一个种群开始搜索，并且可以同时向不同方向进行搜索。它可以对于搜索空间中的多个解进行评估，以使 GA 具有极好的全局搜索性能，从而减少了陷入局部最优解的可能，所以其在求解组合优化领域的非确定性多项式难题（nondeterministic polynomially problem，NP 问题）上显示出强大的搜索优势。由于本书中需要解决的问题是一个非线性多目标优化问题，且计算工作量大、复杂性高，所以采用遗传算法进行求解较为适合。主要原因是该方法可进行并行计算，减少陷入局部最优解的情况。

所以本书解决多目标优化的思路是，结合基于逼近理想点的遗传算法对物流资源整合优化模型求解。

5.4.2　基于逼近理想点的遗传算法

由于本书构建的物流资源整合优化模型要解决的问题具有每个物流任务在时间上不存在冲突、不需要共享候选物流资源的特点，所以这里可以先用遗传算法对单任务求解，然后再进行汇总计算，最终完成对所有任务 A 目标函数的求解。即在计算物流总任务量 A 的优化模型时，只要将各单任务下的优化模型满意解带入，便可计算得到最终值。可见，求解物流资源整合优化模型的关键在于求解具体物流任务 a_k 的满意解。下面将依照解决多目标优化的一般思路，阐述物流资源整合优化模型的一般计算步骤。

（1）运用逼近理想点法转换具体物流任务 a_k 的多目标函数为单目标函数。

逼近理想点法的思想就是使各个目标尽可能地接近各自的最优值，从而求出多目标函数较好的非劣解。由于目标函数中既有最大化目标，又有最小化目标，所以这里先将多目标函数进行转化，即 max→min。

max→min 转换后的多目标函数为：

$$\begin{cases} \min C_k' = \{(1 - b_1 v) \cdot (\sum_{i=1}^{n_k} \sum_{j=1}^{m_i} \sum_{g=1}^{q_j} e_{ij}^k \cdot p_{ijg}^k \cdot h_{ijg}^k \cdot x_{ijg}^k + \sum_{i=1}^{n_k} \sum_{j=1}^{m_i} e_{ij}^k \cdot F_{ij}^k)\} \\ \\ \min T_k' = \sum_{i=1}^{n_k} \sum_{j=1}^{m_i} \sum_{g=1}^{q_j} e_{ij}^k \cdot t_{ijg}^k \cdot h_{ijg}^k \cdot (1 - b_2 v) \\ \\ \min U_k'' = (1 / U_k') \end{cases}$$

$$(5 - 29)$$

转换后的约束条件为：

$$\begin{cases} C_k - (1 - b_1 v) \cdot \left(\sum_{i=1}^{n_k} \sum_{j=1}^{m_i} \sum_{g=1}^{q_j} e_{ij}^k \cdot p_{ijg}^k \cdot h_{ijg}^k \cdot x_{ijg}^k + \sum_{i=1}^{n_k} \sum_{j=1}^{m_i} e_{ij}^k \cdot F_{ij}^k \right) \geqslant 0 \\[2em] T_k - \sum_{i=1}^{n_k} \sum_{j=1}^{m_i} \sum_{g=1}^{q_j} e_{ij}^k \cdot t_{ijg}^k \cdot h_{ijg}^k \cdot (1 - b_2 v) \geqslant 0 \\[2em] \displaystyle\sum_{i=1}^{n_k} \left[\cfrac{\cfrac{\sum_{j=1}^{m_i} \sum_{g=1}^{q_j} e_{ij}^k \cdot p_{ijg}^k \cdot h_{ijg}^k \cdot x_{ijg}^k + \sum_{j=1}^{m_i} e_{ij}^k \cdot F_{ij}^k}{\sum_{i=1}^{n_k} \sum_{j=1}^{m_i} \sum_{g=1}^{q_j} e_{ij}^k \cdot p_{ijg}^k \cdot h_{ijg}^k \cdot x_{ijg}^k + \sum_{i=1}^{n_k} \sum_{j=1}^{m_i} e_{ij}^k \cdot F_{ij}^k} \cdot y_i^k}{\sum_{j=1}^{m_i} \sum_{g=1}^{q_j} h_{ijg}^k \cdot x_{ijg}^k \cdot y_{ijg}^k} \right] - U_k \geqslant 0 \\[2em] \sum_{i=1}^{n_k} \sum_{j=1}^{m_i} \sum_{g=1}^{q_j} e_{ij}^k \cdot h_{ijg}^k - 1 = 0 \\[1.5em] \sum_{j=1}^{m_i} \sum_{g=1}^{q_j} h_{ijg}^k \cdot x_{ijg}^k \cdot y_{ijg}^k - y_i^k \geqslant 0 \\[1.5em] h_{ijg}^k \in \{0, 1\} \\[0.5em] e_{ij}^k \in \{0, 1\} \\[0.5em] (i = 1, 2, \cdots, n_k, \ j = 1, 2, \cdots, m_i, \ g = 1, 2, \cdots, q_j, \ k = 1, 2, \cdots, l) \end{cases}$$

$$(5 - 30)$$

为了便于表达，记上文的多目标函数为 $f = (f_1, f_2, f_3)$，其中，$f_1 = C_k'$，$f_2 = T_k'$，$f_3 = U_k''$，则 $\min f = \min(f_1, f_2, f_3)$。能绝对满足 f 的解称为该多目标优化函数的绝对最优解。理论上，这种解难以存在，所以这里需要寻找多目标函数较好的非劣解。为此，用单目标优化方法求得各子目标 $f_w (w = 1, 2, 3)$ 的约束最优值 f_w^*，即使得

$$f_w^* \leqslant \min(f_w)\,(w=1,\ 2,\ 3) \tag{5-31}$$

称 $f^* = (f_1^*,\ f_2^*,\ f_3^*)$ 是目标函数 f 的理想点。当理想点已知后，计算多目标函数 $f = (f_1,\ f_2,\ f_3)$ 与理想点 $f^* = (f_1^*,\ f_2^*,\ f_3^*)$ 之间距离，并通过求使两者之间的距离尽可能小的解来得到目标函数的非劣解。也就是将多目标函数可以转化为：

$$F = \min\sqrt{\sum_{w=1}^{3}\left|f_w - f_w^*\right|^2} \tag{5-32}$$

但由于各目标函数的量纲不一致，求两者间距离时会带来 F 的计算值无意义的情况，因此这里需要将各子目标值进行规范化，即对公式（5-32）进行改进。

对于越小越优的目标进行规范化处理的公式一般为：

$$f_w' = \frac{\max(f_w) - f_w}{\max(f_w) - \min(f_w)} \tag{5-33}$$

依据公式（5-33）进行无量纲化后，得到转换后的公式（5-32）如下：

$$F' = \min\sqrt{\sum_{w=1}^{3}\left|\frac{f_w - f_w^*}{\max(f_w) - f_w^*}\right|^2} \tag{5-34}$$

其中，F' 表示完成转换后的单目标函数，该单目标函数的约束条件与转化前多目标函数的约束条件相同。完成多目标函数转化为单目标函数后，就可以按照求解单目标函数的思路进行后续的计算工作了。

（2）遗传算法求解转化后的单目标函数。

运用遗传算法，对转化后的单目标函数求解过程进行详细描述。

①编码与解码。在遗传算法中染色体是待优化问题解的一种表现形式，一条染色体对应着一个候选方案。为了清晰明了反映物流

资源的整合方案情况，这里对染色体采用十进制编码方式。由于在物流资源整合优化模型中每个物流环节有多个候选企业的多种候选资源可以提供服务，所以为了对该问题进行降维简化，这里用遗传算法进行计算时，首先假设在每一物流环节有一个大企业包含了所有候选企业的候选资源，并按照候选企业顺序给候选资源统一编号。即假设任意一条染色体的编码方案为 $X = (x_1, x_2, \cdots, x_i, \cdots, x_{n_k})$，其中 x_i 表示在物流任务 a_k 中第 i 个环节的第 x_i 种物流资源被用来提供服务。若第 i 个环节有 m_i 个候选企业，每个企业有 $q_j(j = 1, 2, \cdots, m_i)$ 种候选资源，那么 x_i 的最大值为 $\sum_{j=1}^{m_i} q_j$。

当 $0 \leqslant x_i \leqslant q_1$ 时表示由第 i 个环节中的第 1 个企业提供服务即 $e_{i1}^k = 1$，如果 x_i 在 $[0, q_1]$ 中的排序为 G，则代表了由第 1 个企业中的第 G 种候选物流资源提供服务即 $h_{i1G}^k = 1$。当 $(\sum_{j=1}^{m_g} q_j) + 1 \leqslant x_i \leqslant \sum_{j=1}^{m_{g+1}} q_j(1 \leqslant m_g \leqslant m_i - 1)$ 时表示是由第 i 个环节中的第 $g+1$ 个企业提供服务，则对应于 $e_{i(g+1)}^k = 1$。如果 x_i 在 $[(\sum_{j=1}^{m_g} q_j) + 1, \sum_{j=1}^{m_{g+1}} q_j]$ 中的排序为 G，则代表了由第 $g+1$ 个企业中的第 G 种候选物流资源提供服务，同时 $h_{i(g+1)G}^k = 1$。根据该对应关系可将十进制染色体转换成为二进制二维矩阵 S 进行计算。二维矩阵 S 的行数代表该物流任务包含的物流环节个数，其列数等于所有物流环节中的最大候选资源的数量。

②初始种群的产生。这里首先对每个物流环节随机生成基因。若规定第 i 个物流环节总共的候选资源数量为 $\sum_{j=1}^{m_i} q_j(i = 1, 2, \cdots,$

n_k），那么就要保证 $1 \leqslant x_i \leqslant \sum\limits_{j=1}^{m_i} q_j$ 来使得初始种群是合理的。换句

话说就是矩阵 S 的第 i 行只能在前 $\sum\limits_{j=1}^{m_i} q_j$ 个元素中有且只有一个元素

取 1。初始种群规模根据问题的维数和难度来确定，一般地，维数
和难度越高初始种群规模应该越大。

③罚函数。本书要解决的问题是一个有约束条件的优化问题，
这里引入罚函数来将其转化为无约束优化问题。在实际操作中，若
罚函数中的罚因子取值太小，则很难产生可行解；若罚因子太大，
虽然会产生可行解，但容易溢出，且很容易陷入局部极值点，出现
早熟收敛现象[167]。为此，这里采用自适应罚函数法，使罚因子随
着迭代情况的变化而动态调整，进而克服罚因子过大或过小带来的
取值困难。令：

$$G = F' + \lambda(t) \cdot p \qquad (5-35)$$

其中，F' 表示物流任务 a_k 转换后的单目标函数，函数 p 表示任
意候选方案到可行域的距离，即候选方案违反约束的程度：

$$p = [\min\{0, C_k - C'_k\}]^2 + [\min\{0, T_k - T'_k\}]^2$$
$$+ [\min\{0, U'_k - U_k\}]^2 + [\min\{0, 1 - U'_k\}]^2 \qquad (5-36)$$

在公式（5-35）中，$[\min\{0, C_k - C'_k\}]^2$、$[\min\{0, T_k - T'_k\}]^2$、
$[\min\{0, U'_k - U_k\}]^2$、$[\min\{0, 1 - U'_k\}]^2$ 分别表示任意候选方案在
物流成本、服务时间及资源利用率不等式约束中的违反程度。显
然，p 越大，说明候选方案距离可行域越远，该方案约束违反度越
大。当 $p = 0$ 时，候选方案到可行域的距离为零，则该方案是可行
解，罚函数失去作用。

其中，罚因子 $\lambda(t)$ 随着迭代进程 t 的变化而变化，表示为：

$$\lambda(t+1) = \begin{cases} \dfrac{\lambda(t)}{\beta_1}, & \text{若在最近 } k \text{ 代中所有最优个体都是可行解} \\[2mm] \beta_2\lambda(t), & \text{若在最近 } k \text{ 代中所有最优个体都是不可行解} \\[2mm] \lambda(t), & \text{其他} \end{cases}$$

公式中 $\beta_2 > \beta_1 > 1$，且 $\beta_1 \neq \beta_2$。其中，当最近 K 代中的最好个体既有可行解又有不可行解时，则罚因子保持不变。

④适应度函数。适应度函数被用来衡量染色体的优劣，也就是说越接近最优解的解的适应度函数值越高，反之亦然。适应度函数是求最大值的形式，且它要求适应度是正数。所以需要把目标函数转变为求最大的非负的适应度函数。转换后的适应度函数为：

$$Fit(F') = \begin{cases} C_{\max} - G, & G < C_{\max} \\ 0, & \text{其他} \end{cases}$$

其中，$C_{\max}$ 表示一个足够大的正数。

⑤遗传操作。遗传操作主要采用了最为常用的选择算子、交叉算子、变异算子及终止操作。

i）选择算子。这里采用轮盘赌法选择个体。首先计算每个个体被选择的概率为 $p_i = F_i \Big/ \sum\limits_{i=1}^{N} F_i$，其中，$F_i$ 表示第 i 个个体的适应度值，N 表示种群规模。可以看到 $p_i \geq 0$，且 $\sum\limits_{i=1}^{N} p_i = 1$。个体 i 的累加概率为 $q_i = \sum\limits_{j=1}^{i} p_j$，其中，$i = 1，2，3，\cdots，N$。

ii）交叉算子。这里选择进行单点交叉，并以交叉频率 p_c 选择参与交叉的个体。在单个染色体中随机设置一个交叉点后，在该点相互交换两个配对个体的部分染色体，这里的交叉频率 p_c 的取值范围为 $[0.4，0.99]$。

iii）变异算子。这里采用位点变异，即以一定的概率对染色体的某些位变异。先选定变异频率 p_m，对交叉后代的每个后代的每个基因位产生一个随机数 $r \in [0, 1]$，若 $r \leqslant p_m$，则该位置的基因发生变异，否则该位不变。变异频率 p_m 的取值范围为 $[0.0001, 0.1]$。

iv）终止操作。本书将根据数据量大小设定最大遗传代数，当迭代到最大遗传代数时就终止计算，选出其中适应度值最大的染色体为最终的满意解。

通过对初始种群的生物基因的复制、变换和变异，产生新一代种群。再重复此过程，直到完成终止操作，最终获得达到满意程度的种群最优点。

（3）完成所有物流任务 A 的优化模型计算。

完成了对具体物流任务 a_k 的优化模型求解后，可将所有物流任务最终得到的满意解，直接带入到完成所有物流任务 A 时的优化模型中进行计算，最终得到整个问题的最终解。

5.4.3 不同变形情况下的计算步骤

优化模型的纵向变形和横向变形是两个简化形式，所以相比物流资源整合优化模型求解过程，他们的计算步骤在部分环节得到简化。这里将对具体的变化进行阐述。

（1）优化模型纵向变形。在纵向变形中每个物流环节的合作企业是确定的，所以在求解具体物流任务 a_k 的优化模型时，其染色体的编码与解码环节得到简化。

设其中任意一条染色体的编码方案为：

$$X = (x_1, x_2, \cdots, x_i, \cdots, x_{n_k}), \quad 1 \leqslant x_i \leqslant q_i \qquad (5-37)$$

公式（5 – 37）中的元素 x_i 代表的是在物流任务 a_k 中第 i 个环节的第 x_i 种物流资源被选中，q_i 代表该环节合作企业的候选资源种类。每个元素的取值情况与自变量 h_{i1g}^k 的取值关系为：当 $x_i = g$ 时，$h_{i1g}^k = 1$。也就是说，当 $x_i = g$ 时，第 i 个环节的合作企业的第 g 种候选资源被选中提供服务。

除了编码与解码环节外，优化模型纵向变形的其他计算步骤仍然遵循优化模型的基本计算步骤。

（2）优化模型横向变形。由于横向变形中只包含一个物流环节，所以其计算难度被大大地降低了。其求解过程可以按照优化模型计算步骤进行，但是更为简单、直接的方法是：首先，将运用逼近理想点法转换具体物流任务 a_k 的多目标函数为单目标函数，转换方法与上文一致。其次，通过枚举法计算每个方案的目标函数值，并按照函数值将候选方案进行排序。其中，函数值最小的候选方案对应的解就是优化模型横向变形的非劣解。最后，将各个具体任务的非劣解带入到完成物流任务总量 A 的模型中，进行汇总计算得到整个问题的最终解。

5.5　小　　结

本章运用了演化博弈方法对企业的对象标识统一策略进行了研究，目的是帮助不同状态的企业制定合理的对象标识统一策略。分析结果表明在物流资源整合过程中，企业的最终稳定策略是合作实施对象标识统一或者合作不实施对象标识统一，且具体稳定于哪一个策略受到实施对象统一标识后产生的超额收入、投资成本及不采用统一对象标识导致的利润损失的影响。针对该结果本章指出企业需要根据自身的发展情况、资金水平还有市场竞争环境合理制定对象标识统一策略，以合理有效地促进物流资源整合。但现实的发展环境要求，企业不能停留于对象标识不统一的状态，应该从长期发展的角度考虑，积极推动对象标识统一化。

针对物流资源整合参与企业的不同对象标识统一策略，结合不同物流资源整合结构下的服务过程，本章利用对象标识统一化程度的优化作用，继续深入探讨了考虑对象标识统一性的物流资源整合优化模型。通过对物流资源整合问题进行基本描述，提出本章构建考虑对象标识统一性的物流资源整合优化模型的基本假设及变量说明。在该模型中，以物流总成本、总服务时间和物流资源利用率为目标函数，以对象标识统一化程度为影响参数。其中，当 $v=0$ 时，代表物流资源整合参与企业合作不实施对象标识统一情况下的模型；当 $v>0$ 时，代表参与物流资源整合的企业逐步合作实施对象标识统一情况下的模型。本章为了全面反映物流资源整合优化过程，还进一步分析了考虑对象标识统一性的物流资源整合优化模型纵向变形和横向变形情况。最后，为了求解物流资源整合优化模型及其纵向和横向变形，本章设计了基于逼近理想点的遗传算法，来帮助企业寻找合理的物流资源整合优化方案。

第 6 章

WDQ 公司案例研究

本章实地调研了 WDQ 公司来收集相关数据，应用了第 5 章构建的考虑对象标识统一性的物流资源整合优化模型与设计的算法，对该企业纵向、横向及网状物流资源整合业务进行了优化。深入分析整合优化后的效果，一方面验证了模型的有效性，另一方面也为 WDQ 公司的未来发展提供了参考与建议。

6.1　WDQ 公司概况

本节对 WDQ 公司的基本概况介绍，主要包括公司简介及调研中发现的问题。

6.1.1　公司简介

WDQ 公司成立于 2000 年 4 月，拥有中国交通运输部批准的无船承运人以及航空运输一类销售代理人资质；该公司在黄岛、威海、烟台、大连、连云港、西安、天津、上海等地设有分公司及关系企业；在宁波设有以拼箱为主要业务的合资公司。公司注重开拓与发展海运整柜操作以及船公司订舱代理业务，空运、内陆拖车运输、铁路运输、海铁联运、海空联运、仓储以及保税物流等业务。公司还依靠 A 保税物流园区、港区联动的政策优势，利用 WDQ 有力的市场形势，与国内物流合作伙伴共同建立内陆物流分拨网络，并在 A 保税物流园区拥有 5 000 平方米的现代化保税仓库和近 3 万平方米的露天堆场。WDQ 公司接受客户委托，完成某一个物流环节或与此环节有关的所有物流活动。为此，它需整合相关物流资源完成运输规划，通过选取最快最省的运输方式、安排合适的货物包装、选择恰当的货物运输路线，最终完成将货物交付收货人的任务。

6.1.2　问题发现

为了深入了解 WDQ 公司的物流资源整合业务运营与发展情况，2015 年 4 月对该公司的相关业务员、主管及经理等进行了针对性调研。调研内容主要包含：公司的物流资源整合业务范围及公司未来物流资源整合业务的规划；公司的物流资源整合业务运行情况及对象标识的使用情况；公司对对象标识统一性的认识及对统一的对象标识的推广情况；部分物流资源整合业务的相关数据。通过对这几方面进行调研了解到，WDQ 公司的物流资源整合业务发展取得了不错的成绩，并且与其他企业进行了积极的合作。其业务主要涵盖了海运进出口拼箱、海运整柜、空海联运、散杂货运输、拼箱场站、门到门运输、内陆拖车、三角贸易/多边贸易运输等，其中整柜运输和门到门运输是 WDQ 公司目前正在着重发展的业务。由于整柜运输业务开展较晚，所以 WDQ 公司在该领域正在积极发展合作企业和开辟市场。门到门运输方面，WDQ 公司主要通过有效整合各种资源，形成覆盖全球的门到门运输网络，实现用机动灵活的运输工具，把货物从生产厂家、货物出发点直接运送到收货人或货物终点。该业务的最大优点是加速货物送达，减少货损和货差。

为了提高物流服务水平、缩短物流服务时间和增加物流收益，WDQ 公司近年来仍不断地整合物流资源，采用了纵向、横向及网状三种物流资源整合结构。但在调研中发现，该公司对其各种物流资源整合结构的环节认识不够完整，相关统计数据不够全面，这必然会带来公司在物流管理上的混乱。另外，尽管 WDQ 公司的物流资源整合结构多变灵活，但其整柜货物运输的物流资源整合业务发展仍然较为缓慢。在实际的物流过程中，会出现提供服务的物流资源不是最为合适的物流资源的情况。在门到门服务过程中，物流资源整合主要是依赖经验，与合作公司间的货物信息沟通主要靠电话、邮件等传统形式。这也导致物流资源整合效率低下，WDQ 公司市场开拓缓慢。

WDQ 公司在物流资源整合过程中正在使用对象标识，但对货物对象标识统一性的重视度不足，且 WDQ 公司使用统一的对象标识与合作企业进行信息共享的业务十分有限。在货物信息管理方面，主要采用本公司自行设计开发的编码体系，但该体系不能够兼容其他编码方案。可喜的是，WDQ 公司的相关员工普遍认为对象标识统一水平的提高，会对该公司的物流资源整合效果起到推动作用。

针对调研中发现的这些问题，本章首先对该公司部分业务的具体物流环节和数据进行了调查和整理，然后根据第 5 章提出的优化模型与方法，对 WDQ 公司的物流资源整合业务进行研究，探讨更为合理的考虑对象标识统一性的物流资源整合优化方案。

6.2　WDQ 公司物流资源整合的优化方案

WDQ 公司的纵向、横向及网状物流资源整合业务很多，这里将主要运用基于对象标识统一的物流资源整合优化模型，分析整柜的门到门运输服务业务的物流资源整合方案，以期达到优化的目的。

6.2.1　纵向物流资源整合优化

某段时间内，WDQ 公司获得 5 个物流任务，所有的物流任务都是整箱货，各个客户对物流任务的具体要求如表 6-1 所示。由于这些物流任务涉及的物流环节较多，WDQ 公司无法独立完成，所以需要整合多家合作企业的物流资源共同提供服务。该公司要在这些企业的众多物流资源中，选择出最佳方案为客户提供服务，各合作企业所拥有的物流资源情况详见附表 1。

（1）对象标识统一化程度较低水平下的优化方案。

合作企业间的货物具体信息和资源信息，可以通过对象标识在各企业间进行共享。由于这些企业的对象标识统一化程度较低、WDQ 公司与之合作领域有限，故可能会出现部分货物信息或物流资源信息未共享的情况。这将导致符合物流服务条件的候选物流资源有限，企业只能在已知的可用的候选物流资源中选取恰当资源来满足客户需要。

表 6-1　　　　　　　　　　　物流任务的详细信息

物流任务	物流任务名称	货物数量（立方米/吨）	物流总成本（元）	服务时间（小时）	资源利用率（%）
1	货物从大连运到日本大阪	20 立方米	19 500	50	75
2	货物从天津运到青岛	10 立方米	3 500	32	85
3	货物从天津运到青岛	20 吨	6 700	35	85
4	货物从大连运到韩国群山	20 立方米	8 500	30	75
5	货物从威海运到日本名古屋	20 立方米	6 500	150	75

为了高效地完成物流任务，帮助 WDQ 公司安排合理的物流资源整合方案，需对考虑对象标识统一性的物流资源整合优化模型进行纵向变形。这里使用 Visual Studio 6.0 进行编程，实现优化模型的遗传算法求解。本模型的计算环境为 Microsoft Windows 7 操作系统，CPU 为 Intel（R）Core（TM）i5-3210M @ 2.50GHZ，内存为 4GB。

当 WDQ 公司的信息化水平没有发生变化，仍然采用传统的对象标识实现局部低水平的对象标识统一时，利用模型计算可以得到该状态下的整合方案。要注意的是，局部对象标识统一也是一种统一现象，但这是较低水平的对象标识统一，因而对象标识统一化程度不等于 0。对该企业物流部门的经理、主管及业务员的调研，使我们了解到了对象标识统一化程度对服务时间的影响情况。此时设置种群规模为 60，最大的迭代次数为 150，交叉频率为 0.7，变异频率为 0.01，对象标识统一化程度 $v = 0.25$，服务时间影响系数中的 $b_2 = 0.1$，物流成本影响系数中的为 $b_1 = 0.21$，罚因子 $\lambda(t_0) = 1$，罚因子参数 $\beta_1 = 2$，$\beta_2 = 3$。根据候选物流资源情况，分别计算 5 个物流任务的理想点，得到具体满意方案如表 6 - 2 所示。

表 6 - 2　　　　　　　$v = 0.25$ 时各物流任务的满意方案

物流任务	理想点	满意方案	物流总成本（元）	最长服务时间（小时）	资源利用率（%）
1	(18 319, 47.57, 1.271)	(1, 2, 2, 2, 1, 3, 2)	18 372	49.88	78.39
2	(2 842.5, 26.40, 1.159)	(1, 1, 2, 1, 1, 1)	2 842.5	28.431	86.20
3	(6 272.5, 29.25, 1.0)	(3, 3, 1, 2, 3, 2)	6 272.5	30.225	89.60
4	(7 831.1, 25.34, 1.181)	(1, 2, 1, 2, 1, 1, 1)	7 831.1	26.286	82.49
5	(5 817.7, 109.44, 1.189)	(2, 1, 1, 1, 3)	5 817.7	145.3	83.17

在表 6 - 2 中第 1 个物流任务的满意方案为（1，2，2，2，1，3，2），即表示在第 1 个物流任务中的第 1 个环节选择第 1 种候选物流资源、第 2 个环节选择第 2 种候选物流资源、第 3 个环节选择第 2 种候选物流资源、第 4 个环节选择第 2 种候选物流资源、第 5 个环节选择第 1 种候选物流资源、第 6 个环节选择第 3 种候选物流资源、第 7 个环节选择第 2 种候选物流资源来提供服务。根据公式（5 - 29）～公式（5 - 37），可以得到在现有对象标识统一化程度下，完成所有物流任务的物流总成本 $C' = 41\,135.8$ 元，总服务时间

$T' = 280.12$ 小时以及物流资源利用率 $U' = 82.10\%$。

（2）对象标识统一化程度提高后的优化方案。

从第 4 章的分析中可以得到，随着对象标识统一化程度的提升，越来越多的信息可以被共享，企业间的合作越来越紧密，企业可以使用的候选资源种类将变多，而且每种物流资源提供服务所需要花费的价格和时间会产生变动。假设对象标识统一化程度被提高到 $v = 0.4$ 的水平，该状态下每个物流任务新增候选资源的数量，以及相关数值从市场报价中随机获取。原有物流资源提供服务所需要花费的价格和时间所产生的随机变动，控制在市场最低值和市场最高值之间，以此分析在 $v = 0.4$ 下的物流资源整合情况。运用遗传算法进行计算，保证种群规模、最大的迭代次数、交叉频率、变异频率、罚因子等不变。此时的服务时间影响系数中的 $b_2 = 0.15$，物流成本影响系数中的 $b_1 = 0.42$，计算得到的各物流任务的满意方案如表 6-3 所示。

表 6-3　　　　　　　　$v = 0.4$ 时各物流任务的满意方案

物流任务	理想点	满意解	物流总成本（元）	最长服务时间（小时）	资源利用率（%）
1	(16 069, 46.84, 1.272)	(1, 2, 2, 2, 1, 2, 2)	16 069	48.25	78.30
2	(2 496, 25.33, 1.124)	(1, 1, 2, 1, 1, 1)	2 496	25.33	86.20
3	(5 424.6, 27.54, 1.0)	(3, 3, 1, 2, 3, 1)	5 424.6	28.99	89.44
4	(6 776.6, 23.3, 1.183)	(1, 2, 2, 2, 3, 1, 1)	6 776.6	23.3	83.93
5	(5 002, 105.33, 1.189)	(1, 1, 3, 1, 2)	5 050.2	135.78	83.33

表 6 − 3 中每个满意方案的含义与表 6 − 2 中的满意方案含义相同，这里不再重复。根据公式（5 − 29）～公式（5 − 37）可以得到在对象标识统一化程度 $v = 0.4$ 情况下，完成所有物流任务的物流总成本 $C' = 35\ 816.4$ 元，总服务时间 $T' = 261.65$ 小时以及物流资源利用率 $U' = 82.31\%$。

（3）对比分析计算结果。

对比分析在同一时间段内，v 发生变化时，需要完成的 5 个物流任务所花费的物流总成本、总服务时间以及物流资源利用率。$v = 0.4$ 情形下 WDQ 公司花费的物流成本比 $v = 0.25$ 情形下减少了 5 319.4 元，物流服务时间缩短了 18.47 小时，物流资源利用率提高了 0.21%。可见，如果 WDQ 公司大幅提高对象标识统一化程度，将统一的对象标识运用到与合作企业开展的物流资源整合业务中，将有效减少物流成本及服务时间。从分析中还能看到，物流资源利用率得到了改善，但不显著。物流资源利用率的提高，需依托物流资源整合形成的规模效益。所以，一旦企业全面利用对象标识统一性进行物流资源整合，物流资源利用率一定会有较大改观。

6.2.2 横向物流资源整合优化

在完成单一运输任务时，WDQ 公司也面临从多个企业中选择合适物流资源的问题，这就是本书提出的横向物流资源整合结构。以某段时间内该公司获得的 5 个物流任务为例，在所有物流任务都是整箱货情况下，各客户对物流任务具体要求如表 6 − 4 所示，各合作企业所拥有的物流资源情况详见附表 2。

表6-4　　　　　　　　　　　物流任务的详细信息

物流任务	物流任务名称	货物数量（立方米/吨）	物流总成本（元）	服务时间（小时）	资源利用率（%）
1	货物从威海陆运到烟台	30 立方米	1 800	2.5	80
2	货物从天津陆运到青岛	20 吨	4 200	15	96
3	货物从天津陆运到青岛	30 立方米	4 700	16	80
4	货物从烟台海运到日本名古屋	50 立方米	7 500	110	90
5	货物从烟台海运到韩国釜山	50 立方米	5 000	45	90

（1）对象标识统一化程度较低水平下的优化方案。

WDQ公司的信息化水平没有发生变化，即在对象标识统一化程度较低水平下，WDQ公司要完成相应物流任务，需要从符合条件的已有可用的候选物流资源中，选取恰当的物流资源来满足客户需要。运用基于对象标识统一性的物流资源整合优化模型的横向变形，来帮助WDQ公司选择恰当的物流资源整合方案。相关参数的设置与纵向物流资源整合相同，此时的对象标识统一化程度$v=0.25$。计算得到5个物流任务的满意方案如表6-5所示。

表6-5　　　　　　　　$v=0.25$ 时各物流任务的满意方案

物流任务	理想点	满意方案	物流总成本（元）	总服务时间（小时）	物流资源利用率（%）
1	(1 468.625, 1.95, 1)	$e_{03}^1=1$, $h_{033}^1=1$	1 544.425	2.438	86.0
2	(3 780.525, 14.625, 1)	$e_{01}^2=1$, $h_{011}^2=1$	3 780.525	14.625	100
3	(3 790, 14.625, 1)	$e_{01}^3=1$, $h_{013}^3=1$	3 790	15.6	100
4	(5 874.5, 105.3, 1.08)	$e_{03}^4=1$, $h_{031}^4=1$	7 011.5	105.3	92.6
5	(3 600.5, 35.1, 1.08)	$e_{04}^5=1$, $h_{041}^5=1$	4 453.25	39	92.6

在表 6 – 5 中第 1 个物流任务的满意方案为 $e_{03}^1 = 1$，$h_{033}^1 = 1$，即表示在第 1 个物流任务中，应选择第 3 个候选企业合作，并选择该企业的第 3 种候选物流资源提供服务。根据公式（5 – 29）~ 公式（5 – 37），可以得到在现有对象标识统一化程度下完成所有物流任务的物流总成本 $C' = 20\ 579.7$ 元，总服务时间 $T' = 176.96$ 小时以及物流资源利用率 $U' = 94.9\%$。

（2）对象标识统一化程度提高后的优化方案。

假设对象标识统一化程度提高到 $v = 0.4$，此时 WDQ 公司的候选资源数量和相关数据的变动遵循纵向物流资源整合案例中的变化规则。计算 5 个物流任务理想点，然后分别计算每个任务的候选方案，同时考虑约束条件的限制情况，最后对有效方案进行排序。得到对象标识统一化程度变化后 5 个物流任务的满意方案如表 6 – 6 所示。

表 6 – 6　　　　　　　　$v = 0.4$ 时各物流任务的满意方案

物流任务	理想点	满意方案	物流总成本（元）	总服务时间（小时）	物流资源利用率（%）
1	(1 248, 1.88, 1.0)	$e_{04}^1 = 1$, $h_{042}^1 = 1$	1 331.2	1.88	100
2	(3 311.36, 14.10, 1.0)	$e_{02}^2 = 1$, $h_{023}^2 = 1$	3 394.56	14.57	100
3	(3 328, 14.10, 1.0)	$e_{01}^3 = 1$, $h_{013}^3 = 1$	3 328	15.04	100
4	(5 075.2, 98.7, 1.08)	$e_{05}^4 = 1$, $h_{051}^4 = 1$	5 657.6	101.52	92.6
5	(3 161.6, 33.84, 1.08)	$e_{07}^5 = 1$, $h_{071}^5 = 1$	3 910.4	37.6	92.6

表 6 – 6 中每个满意方案的含义与表 6 – 5 中的满意方案含义相

同，这里不再重复。根据公式（5 – 29）~ 公式（5 – 37）可以得到在对象标识统一化程度 $v = 0.4$ 情况下，完成所有物流任务的物流总成本 $C' = 17\,621.76$ 元，总服务时间 $T' = 170.61$ 小时以及物流资源利用率 $U' = 96.0\%$。

（3）对比分析计算结果。

对比表 6 – 5 和表 6 – 6 可以看到，对象标识统一化程度发生变化后，完成各物流任务的物流资源整合满意方案随之也发生了变化。$v = 0.4$ 下发起整合的 WDQ 公司可以获得更多的机会来挑选符合要求的物流资源，该情形下的物流成本比 $v = 0.25$ 情况下减少了 2 957.94 元，物流服务时间缩短了 6.35 小时，物流资源利用率提高了 1.1%。上述分析数据也反映出即便只对物流活动中的某一个环节进行横向物流资源整合，大幅提高对象标识统一化程度也可以改进企业的物流资源整合业务。所以 WDQ 公司在拓展业务的同时，需要关注对象标识统一化程度的提高。

6.2.3　网状物流资源整合优化

WDQ 公司还可能面临多个环节要从多个企业中选择合适资源的情况，这就是本书提出的网状物流资源整合结构。这里以某段时间内该公司获得的 5 个物流任务为例，在所有的物流任务都是整箱货情况下，各个客户对物流任务具体要求如表 6 – 7 所示，各合作企业所拥有的物流资源情况详见附表 3。

表6－7   物流任务的详细信息表

物流任务	物流任务描述	货物数量（立方米/吨）	物流总成本（元）	最长服务时间（小时）	资源利用率（%）
1	货物从大连运到日本大阪	20 立方米	20 000	55	75
2	货物从天津运到青岛	10 立方米	3 000	30	85
3	货物从天津运到青岛	20 吨	6 000	35	85
4	货物从大连运到韩国群山	20 立方米	8 500	35	75
5	货物从威海运到日本名古屋	20 立方米	6 500	150	75

（1）对象标识统一化程度较低水平下的优化方案。

WDQ 公司的信息化水平没有发生变化，即在对象标识统一化程度较低水平下，分析该企业网状物流资源整合的优化。由于网状物流资源整合的候选企业和候选资源种类比较多，所以这里设置的种群规模为80，最大迭代次数为100，交叉频率为0.7，变异频率为0.01，对象标识统一化程度 $v = 0.25$。物流成本影响系数中的 b_1、服务时间影响系数中的 b_2、罚因子 $\lambda(t_0)$、罚因子参数 β_1 和 β_2 等都保持与纵向物流资源整合的参数设置一致。根据候选物流资源情况分别计算 5 个物流任务理想点，得到具体物流满意方案。

为了清晰表达是由哪个企业的第几种资源提供服务，在表6－8中用两个行向量表示。如：$e_{ij}^k = (1，2，1，1，1)$ 表示在第 k 个物流任务中每个环节分别选择第1个、第2个、第1个、第1个、第1个企业来提供物流服务。$h_{ijg}^k = (1，2，2，1，3)$ 是对应于 e_{ij}^k 中所选企业提供服务的候选物流资源，即第1个环节第1个企业的第1种候选物流资源、第2个环节第2个企业的第2种候选物流资源、第3个环节第1个企业的第2种候选物流资源、第4个环节第1个企业的第 1 种候选物流资源、第 5 个环节第 1 个企业的第 3 种候选物流资源提供服务。以此类推其他满意方案含义。根据公式（5－29）～公式（5－37），可以得到在现有对象标识统一化程度下，完成所有物流任务的物流总成本 $C' = 39\ 017.8$ 元，总服务时间 $T' = 278.276$ 小时以及物流资源利用率 $U' = 80.89\%$ 。

表 6 - 8　　　　　　　　$v = 0.25$ 时各物流任务的满意方案

物流任务	理想点	满意方案	物流总成本（元）	最长服务时间（小时）	资源利用率（%）
1	(18 059, 46.76, 1.274)	$e_{ij}^1 = (2, 2, 1, 1, 1, 1)$ $h_{ijg}^1 = (1, 2, 1, 1, 2, 2)$	18 059	54.24	77.36
2	(2 349.8, 24.278, 1.165)	$e_{ij}^2 = (1, 1, 1, 1, 1)$ $h_{ijg}^2 = (1, 1, 2, 1, 1)$	2 349.8	25.701	85.55
3	(5 216, 25.545, 1)	$e_{ij}^3 = (1, 2, 1, 2, 1)$ $h_{ijg}^3 = (1, 1, 1, 1, 1)$	5 216	28.109	87.57
4	(7 561.1, 24.53, 1.184)	$e_{ij}^4 = (2, 2, 1, 1, 1)$ $h_{ijg}^4 = (1, 1, 1, 1, 2, 1)$	7 561.1	25.019	81.74
5	(5 831.9, 109.36, 1.183)	$e_{ij}^5 = (1, 3, 1, 1, 1)$ $h_{ijg}^5 = (2, 1, 1, 2, 3)$	5 831.9	145.207	82.89

（2）对象标识统一化程度提高后的优化方案。

分析对象标识统一化程度提高到 $v = 0.4$ 时的物资源流整合情况，候选物流资源的增加和数据变动与纵向物流资源整合中的规则一致，这里不再说明。再次运用遗传算法进行计算，并保证种群规模、最大的迭代次数、交叉频率和变异频率、罚因子等不变，物流成本影响系数及服务时间影响系数的变动情况与纵向整合优化中的设置相同，计算得到的各物流任务的满意方案如表 6 – 9 所示。

表 6 – 9　　　　　　　　$v = 0.4$ 时各物流任务的满意方案

物流任务	理想点	满意方案	物流总成本（元）	最长服务时间（小时）	资源利用率（%）
1	$(15\,550,\ 43.644,\ 1.275)$	$e_{ij}^{1} = (2,\ 2,\ 2,\ 1,\ 2,\ 1)$ $h_{ijg}^{1} = (1,\ 2,\ 2,\ 1,\ 1,\ 2)$	15 550	51.418	77.56
2	$(1\,763.8,\ 23.406,\ 1.162)$	$e_{ij}^{2} = (2,\ 1,\ 1,\ 3,\ 1)$ $h_{ijg}^{2} = (3,\ 1,\ 2,\ 3,\ 4)$	1 763.8	27.26	85.85
3	$(4\,526.1,\ 24.628,\ 1)$	$e_{ij}^{3} = (1,\ 1,\ 1,\ 1,\ 2)$ $h_{ijg}^{3} = (3,\ 3,\ 2,\ 3,\ 2)$	4 526.1	24.628	100
4	$(6\,547.8,\ 22.635,\ 1.187)$	$e_{ij}^{4} = (3,\ 2,\ 2,\ 2,\ 1,\ 1)$ $h_{ijg}^{4} = (1,\ 2,\ 2,\ 1,\ 3,\ 1)$	6 547.8	22.635	83.81
5	$(5\,012.8,\ 105.355,\ 1.183)$	$e_{ij}^{5} = (1,\ 1,\ 2,\ 2,\ 1)$ $h_{ijg}^{5} = (3,\ 2,\ 3,\ 2,\ 3)$	5 012.8	139.195	82.79

表 6 – 9 中每个满意方案的含义与表 6 – 8 中的满意方案含义相同，这里不再重复。根据公式（5 – 29）~公式（5 – 37），可以得到在对象标识统一化程度 $v = 0.4$ 的情况下，完成所有物流任务的物流总成本 $C' = 33\,400.5$ 元，总服务时间 $T' = 265.1464$ 小时以及物流资源利用率 $U' = 83.05\%$。

（3）对比分析计算结果。

当对象标识统一化程度发生变化时，对比分析在同一个时间段内需要完成的 5 个物流任务所花费的物流总成本、最长服务时间以及物流资源利用率。$v=0.4$ 下 WD 公司的物流成本比 $v=0.25$ 情况下减少了 5 617.3 元，物流服务时间缩短了 13.14 小时，物流资源利用率提高了 2.16%。从分析数据中可以看到，提高对象标识统一化程度，可以使 WDQ 公司在物流成本、服务时间及物流资源利用率等各方面都得到改善，该行为对企业的未来发展有着重要的影响意义，WDQ 公司应密切关注企业的对象标识统一化程度情况。

6.3　WDQ 公司对象标识及物流资源整合发展策略

依据 WDQ 公司横向、纵向及网状物流资源整合优化方案的对比分析，结合本书第 4 章的研究可看到，对象标识统一性提高带来的整合效果改善主要是由公司内、公司间及公司外的物流收益、企业间合作及物流资源利用等维度的变化带来的。（1）对于 WDQ 公司内部而言，对象标识逐渐实现统一会使得 WDQ 公司的信息化水平提高、物流流程优化、信息沟通顺畅、重复操作减少、出错率降低；（2）从公司间关系看，WDQ 公司与其他公司的合作关系会变得更加紧密，这一方面可以带来可用的外部候选物流资源数量增加，另一方面可以使得各物流环节衔接操作更加流畅；（3）从公司外部来看，在互联网、物联网快速发展的社会环境中，合作的重要性已成为共识。对象标识统一性为合作提供了便利，因而企业也越来越愿意在某些领域开展合作，这种广泛的合作使得各个公司的物流资源利用情况得到改善。综上所述，WDQ 公司需要重视由对象标识统一性引起的内外呼应的正向影响。为了促进 WDQ 公司未来发展，这里对其提出以下几条发展建议。

6.3.1 提升对象标识统一性

对象标识统一性对公司的物流资源整合有重要的促进作用，因此，为了改善 WDQ 公司的对象标识统一现状，从以下几个方面提出提升该公司对象标识统一性的建议。

（1）积极响应国家信息化号召，深入推广对象标识统一的应用。

近年来国家各部门连续发布了多项关于推广物联网技术在物流业中应用的文件，旨在推动物流业整体信息化发展，提高物流资源整合水平。在这些政策文件中也多次提到了对象标识的问题，可见国家正在通过设计相关政策引导企业重视对象标识统一性问题。其目的是促进各类型企业积极实施对象标识统一，提高企业物流资源整合效率，为物联网环境下的新型合作关系形成创造条件。因而，WDQ 公司应积极响应市场及社会的需求，充分利用自身的优势，通过改进对象标识统一性，一方面提高企业自身的物流资源整合效果，另一方面深入推动对象标识统一的全面实施。

（2）重视对象标识统一化程度，增加在对象标识上的技术投资。

WDQ 公司目前的资金状况良好，能够较快消化对象标识统一带来的成本增加。所以 WDQ 公司在扩大业务范围的同时，要增加对对象标识统一性的技术投资，改善对象标识统一化程度。这主要是因为对象标识统一化程度与企业间合作情况协同发展，可以带来物流资源整合效果的显著提高。另外，市场环境也正朝向对象标识统一的方向发展。如若 WDQ 公司不实施对象标识统一，不增加对该方面的资金投入，那么它将在未来的市场竞争中处于劣势，面临市场份额流失的危险。因此 WDQ 公司在认清市场的惩罚机制作用后，应该顺从市场趋势，遵从合作利益极大化的方向，使公司逐步向实施对象标识统一的稳定状态进化。

（3）全面实施对象标识统一，改善对象标识统一化程度。

由于 WDQ 公司主要运用自行开发的编码体系对货物进行管理，所以它需要考虑如何使自身的对象标识与社会广泛推行的对象标识实现统一。从对象标识角度看，WDQ 公司需要首先了解社会中各类对象标识的通用情况，然后结合对象标识统一性发展的趋势，改进自身对象标识和相关信息系统的兼容性。这种改进要求对象标识的统一要简单易操作，能保证实施带来的系统改进要求少和实施成本低。从企业管理角度看，WDQ 公司需要尽量找到即能兼容其历史信息，又能实现与社会接轨的对象标识统一化方法。本书对该问题进行了全面分析，可以为 WDQ 公司全面实施对象标识统一提供参考。

6.3.2　改善信息沟通情况

提高对象标识统一化程度可以带来 WDQ 公司的物流成本降低、物流服务时间缩短以及物流资源利用率提高。这些积极影响，主要是由信息沟通情况的改善带来的。所以 WDQ 公司应该参与到全社会的对象标识建设中来，积极采用先进的对象标识方法，通过改善企业内与企业间的信息沟通，实现物流资源共享、数据共用以及物流信息互通，完成对物流的全程实时管理。

（1）改善企业内部信息沟通。

WDQ 公司首先要通过积极实施对象标识统一，来改善公司内部的信息沟通问题，主要的措施有：①运用具有兼容性的统一的对象标识来改变对象标识不统一现状，为公司内的信息交换奠定基础。在这个过程中，WDQ 公司需要考虑是变更企业的编码体系还是采用统一性的对象标识转换结构。②提高公司的信息系统兼容水平，使统一的对象标识可以被兼容使用。信息系统兼容水平的改善需要从硬件和软件两个方面入手。硬件方面，需要企业进行技术投资，改进或者购买相关设备；在软件方面，需要企业技术人员进行相关的系统设计。③对员工进行培训，一是要加强员工在思想上对对象标识统一性的重视，二是使员工全面了解相关操作的改进与变化。在这些措施的保证下，WDQ 公司的内部信息沟通将会得到改善。

（2）改善企业外部信息沟通。

对象标识统一性除了可以作用于 WDQ 公司内部的信息交流，更重要的是可以方便 WDQ 公司进行跨域的信息沟通。这可以使得 WDQ 公司在安排物流活动时，合作企业间能够协同运作，优化企业间的物流活动衔接。主要的措施有：①落实企业间的对象标识统一情况，明确信息共享范围和信息沟通方式，以便于深入开展合作。②审核信息系统的对接情况，在切实保证企业机密的基础上，规定对象标识信息系统的访问权限。企业间的协同运作也意味着企业间可分享的物流资源增加，这有利于 WDQ 公司根据货物要求合理安排物流资源，提高物流资源利用率。所以说，WDQ 公司要积极运用统一的对象标识来提升信息沟通能力，促进协同运作，最终完成物流资源在企业间合理流动。

6.3.3　提升物流资源整合水平

WDQ 公司要充分利用对象标识统一性带来的信息沟通优势，全面提高公司的物流资源整合水平。

（1）利用对象标识统一性，提升物流资源整合能力。

对象标识统一性主要通过扩大合作范围、优化物流资源整合方案和改善物流服务时间等来提升企业物流资源整合能力。WDQ 公司应该利用对象标识统一性带来的信息互通，使物流资源整合范围扩大；WDQ 公司要结合基于对象标识统一性的物流资源整合优化模型安排物流资源整合优化方案，而不是单纯凭借工作经验；WDQ 公司要改善物流资源整合服务时间，并主要在以下几个方面取得效果：①利用对象标识统一性带来的流程优化，使物流任务处理速度加快；②利用对象标识统一性带来的合作加强，使物流节点的衔接水平提高；③利用对象标识统一性，使 WDQ 公司调配物流运输资源的时间下降。充分利用对象标识统一性来促进企业间合作加深，使物流资源趋向合理配置，最终影响 WDQ 公司的物流资源整合能力。

（2）利用对象标识统一性，提升企业盈利能力。

统一对象标识主要通过降低物流成本，增加物流服务需求和提高技术风险抵御能力的方式来提升企业盈利能力。利用对象标识统一性可以为 WDQ 公司带来在以下几个方面的成本优化：①减少人工的重复性操作和出错率，降低货损成本。②合理调整人力配置，降低人工成本。③简化企业间合作的流程，降低合作成本；WDQ 公司要运用对象标识统一性带来的信息优势，拓展市场、提高知名度以及引导物流需求；WDQ 公司还要用对象标识统一性抵御技术风险，并在社会物联网发展浪潮获得一席之地。总体来说，就是充分发挥对象标识统一性在经济市场中的作用，顺应市场及社会的发展需求。

（3）利用对象标识统一性，提升企业环保能力。

相比企业间合作和物流收益，WDQ 公司物流资源整合方案对物流资源利用情况的考虑偏弱，这与 WDQ 公司发展的发展阶段有密切关系。WDQ 公司还处于快速发展阶段，更为关注经济效益及其市场效应。但随着气候问题的日益严重，WDQ 公司必然要开始关心环境问题，与环境密切相关的维度正是物流资源利用维度。这就需要 WDQ 公司利用对象标识统一性带来的物流资源利用率提升，充分挖掘单位资源的潜力。尽管 WDQ 公司起初的整合目的不在于对环境的思考，但环境保护会成为其附加成果，具体体现为以下两方面：第一，利用对象标识统一性带来的整合方案优化，减少重复冗余的物流活动带来的环境污染；第二，利用优化物流资源整合优化方案，避免由于动用不必要的物流资源引起的环境污染。所以，WDQ 公司使用对象标识统一性提高物流资源利用水平的过程，将间接地转化成环保能力，如物流资源闲置与浪费情况被缓解，物流活动消耗的自然资源减少，物流活动排放污染物降低，进而环境保护作用得到显现。

6.4 小　　结

本书调研了 WDQ 公司的物流资源整合业务情况，发现其物流资源整合方案的制定多凭借工作经验，缺乏科学的优化方法。WDQ 公司的对象标识仅实现了小范围的局部统一，对象标识统一化程度较低，企业间信息共享的业务十分有限，物流资源整合效果有待提高。为了解决以上问题，本章运用考虑对象标识统一性的物流资源整合优化模型，分别求解了对象标识统一化程度在初始情况下（$v = 0.25$）和提升后情况下（$v = 0.4$），WDQ 公司纵向、横向及网状物流资源整合的优化方案。计算的结果表明，对象标识统一化程度较高时，纵向、横向及网状物流资源整合方案的物流总成本、总服务时间及物流资源利用率都得到了一定程度上的改善。由此可见，WDQ 公司可以通过提高对象标识统一化程度的方式，改善物流资源整合效果。这需要 WDQ 公司充分重视对象标识，利用对象标识统一性对公司内、公司间及公司外的正向作用，改善 WDQ 公司信息沟通现状，提升物流资源整合水平。

第 7 章

总　　结

7.1　主要结论及创新

7.1.1　主要结论

本书主要运用物流管理理论、系统动力学理论、多目标优化理论等，对基于对象标识统一性的物流资源整合进行了探讨，为利用对象标识统一性来促进物流资源整合提供理论依据和实际建议。本书的主要工作与结论如下：

（1）通过归纳梳理相关文献及理论，指出本书的研究问题是基于对象标识统一性的物流资源整合。本书从物流资源整合的概念、物流资源整合的方法、物流资源整合中的对象标识、对象标识统一性对物流资源整合的影响等角度对相关文献进行了归纳与梳理。从现有的研究中可以发现，大部分研究对对象标识统一性下物流资源整合的认识不够全面、系统，直接针对基于对象标识统一性的物流资源整合的研究十分缺乏。特别是在对象标识统一性对物流资源整合的影响机理、物流资源整合中对象标识统一化方法及考虑对象标识统一性的物流资源整合优化模型等方面缺乏理论论证。现有研究的不足，为本书研究提供了广阔的空间。本书在归纳总结文献成果的同时，提出本书需要结合多目标优化理论、系统动力学理论及对象标识等来开展研究，这为本书后续研究工作奠定了坚实的理论基础。

（2）通过对物流资源整合及其对象标识问题分析，指出了对象标识的提出符合企业物流资源整合发展需要。本书一方面归纳了物联网环境中物流资源整合的特征与目标，根据企业的发展战略将物流资源整合的结构归结为纵向物流资源整合、横向物流资源整合及网状物流资源整合，探究了物流资源整合水平的衡量维度；另一方面分析了对象标识的内涵，剖析了对象标识运作过程，指出了对象标识运作中存在的问题。在分析的过程中发现，对象标识与物流资源整合之间存在联系。所以本书在上述分析基础上，结合物流资源整合的物流收益、企业间合作及物流资源利用三个衡量维度，形成了基于对象标识的物流资源整合分析框架。并进一步阐述了要增加对象标识对物流资源整合的推动作用，可以通过扩大对象标识应用范围和提高对象标识统一性实现。但企业物流资源整合对象标识的应用现状表明，企业已经广泛地使用了对象标识，目前他们更为关注如何通过提高对象标识统一性来改善物流资源整合效果。

（3）通过深入探究物流资源整合中对象标识统一性问题，提出了具有兼容性的基于 OID 的对象标识统一化方案。本书分析了物流资源整合对对象标识统一性的信息需求和结构需求；针对对象标识运作中存在的问题，结合物流资源整合对对象标识统一性需求，依托当前互联网技术环境，以互联网发现机制为技术基础，秉承不改变现有标识的原则，灵活运用 OID 国际标准，提出了结合基础信息和位置信息的对象标识统一化编码方法。并详细探讨了应用基于 OID 的对象标识的网络拓扑结构，分析了基础信息和位置信息的获取过程。该对象标识统一化方案的提出既满足物流资源整合需求也符合社会发展需要。

（4）通过量化分析对象标识统一性对物流资源整合的影响机理，验证了对象标识统一化程度发生改变时物流资源整合水平会随之变化。物流资源整合是一个不断完善的动态过程，受到多重维度的综合作用。为了梳理对象标识统一性对物流资源整合的影响，根据基于对象标识的物流资源整合分析框架，找出了两者之间作用的关键要素。使用找到的相关变量，构建了对象标识统一性影响物流资源整合的关系模型。研究结果表明对象标识统一化程度对物流资源利用率、物流供给能力、企业间合作比例及有效提供服务的物流资源总量等有正向影响；对象标识统一性与物流资源整合有明显的互动作用关系，对象标识统一化程度的提升能有效促进物流资源的整合。如果企业仅关注对象标识统一化程度，不考虑和其他企业的合作，还会使得拥有统一的对象标识的货物不能发挥其作用，这就要求企业间合作比例与对象标识统一化程度相匹配。通过该分析结果可知对象标识统一性主要通过改善企业间合作、改善物流收益、改善物流资源利用情况，促进物流资源整合水平的提升。

（5）通过构建考虑对象标识统一性的物流资源整合优化模型，

给出了不同对象标识统一化程度、不同物流资源整合结构下的物流资源整合优化方案计算方法。尽管对象标识统一性对物流资源整合有促进作用，企业依然需要结合自身发展情况选用合适的对象标识统一策略。基于上述思考，本书分析了物流资源整合参与企业的对象标识统一策略。结果显示，企业的最终稳定策略无外乎两种：合作实施对象标识统一和合作不实施对象标识统一。这将引导企业根据物流需求实际情况和对象标识统一策略，规划物流资源整合优化方案。结合该分析结果，本书以物流总成本、总服务时间及物流资源利用率为目标，依据对象标识统一性对物流资源整合的影响机理，将对象标识统一化程度引入物流资源整合优化模型中，构建了考虑对象标识统一性的物流资源整合优化模型，并分析了优化模型的横纵变形。为了求解该模型，本书还设计了基于逼近理想点的遗传算法，用以指导企业设计科学的物流资源整合优化方案。

（6）通过对 WDQ 公司的物流资源整合业务进行优化，证明了本书的研究结果是合理有效的。本书利用 WDQ 公司相关数据进行案例研究，在对实际数据进行计算后，得到对象标识统一化程度不同取值下，不同物流资源整合结构的优化方案。计算结果表明，当 WDQ 公司具有较高水平的对象标识统一化程度时，物流资源整合方案会发生明显变化，物流总成本、总服务时间及物流资源利用率都有所改善。基于此，本书对 WDQ 公司物流资源整合业务提出了发展建议，即 WDQ 公司需要提高对对象标识统一性的重视，提升对象标识统一水平，并利用对象标识统一性，改善信息沟通情况，提升物流资源整合效果。

7.1.2 创新点

本书的创新点主要包括以下几个方面：

（1）从对象标识统一性角度研究物流资源整合问题。

与以往关注客户、服务等角度的物流资源整合研究不同，本书结合物联网新兴技术发展趋势，创新性地以对象标识统一性为研究切入点，综合考虑对象标识统一性带来的市场变化，从物流资源整合的物流收益水平、企业间合作水平及物流资源利用水平三个衡量维度入手，开展了对基于对象标识统一性的物流资源整合问题的研究。在研究过程中发现已有文献中尚缺乏对对象标识的全面分析，所以本书首次系统地对物流资源整合中对象标识运作原理及对象标识统一性进行了阐述，并依托已有的 OID 标准提出了通用性的对象标识统一化解决方案。在该方案中主要利用了 Ecode 中对编码体系进行编码的思想，将标准识别码引入到 OID 的编码结构中，来保证编码唯一性、标准通用性及对象标识兼容性。此外，本书还探索性地提出了基于对象标识的物流资源整合分析框架，详细揭示了物流资源整合对对象标识统一性的需求。最终指出，企业需要在物流资源整合过程中加强对对象标识统一性的重视，以推动企业借助对象标识有效改善物流资源整合水平。

（2）系统地揭示对象标识统一性对物流资源整合的影响机理。

尽管对象标识统一性对物流资源整合有影响，但对象标识逐步统一的过程对物流资源整合的具体作用情况不够明确。所以本书依据提出的基于对象标识的物流资源整合分析框架，借助系统动力学的理论方法，详细揭示了对象标识统一性对物流资源整合的影响机理。在分析过程中，引入了对象标识统一化程度衡量对象标识统一水平，采用了物流行业收益、企业间合作比例及物流资源利用率衡量物流资源整合水平。在明确模型边界的前提下，构建了对象标识统一性影响物流资源整合的关系模型，同时运用 Vensim 仿真软件深入地挖掘了两者之间的互动关系，使研究更为形象、具体。该研究首次全面地展示了对象标识统一性对物流资源整合的作用，弥补了物流资源整合研究中在该领域的空白，为今后深入挖掘两者之间的互动关系奠定了基础。

（3）形成基于对象标识统一性的物流资源整合优化模型。

对象标识统一性在物流资源整合中的作用将越来越凸显，正是企业物流资源整合面临的新发展趋势。所以企业急需有效的物流资源整合方案来帮助其解决该形势下的物流资源整合运作问题。所以本书紧密结合物流资源整合目标和物流资源整合衡量维度，利用对象标识统一性对物流资源整合的影响机理，在明确企业对象标识统一策略前提下，构建了以物流总成本、总服务时间及物流资源利用率为目标的为企业提供决策服务的物流资源整合优化模型。在该模型中创新地引入了对象标识统一化程度 v，用于解决基于对象标识统一性的物流资源整合问题。其中，当 $v=0$ 时，表示企业合作不实施对象标识统一情况下的物流资源整合优化模型，当 $v>0$ 时，表示企业不同程度的合作实施对象标识统一情况下的物流资源整合优化模型。本书还进一步详细研究了不同物流资源整合结构下该模型的变形，设计了基于逼近理想点的遗传算法，为促进企业开展基于对象标识统一性的物流资源整合提供支持。

7.2 研 究 展 望

尽管本书一直努力尝试系统地、完整地、深入地阐述对象标识统一性对物流资源整合的影响机理、物流资源整合下的对象标识统一化方案及考虑对象标识统一性的物流资源整合优化模型等问题，但由于资料数据缺乏、研究时间的局限性，仍存在值得进一步去研究、探讨、改进和深化的问题。

（1）对象标识与物流资源整合的关系复杂，且对象标识可以从各种不同维度相互交错地作用于物流资源整合。本书仅从物流收益、企业间合作及物流资源利用三个维度进行了分析，暂未考虑其他维度的情况。如果继续考虑其他维度及延迟的作用，对象标识统一性对物流资源整合的影响机理将变得更为复杂，但更加贴近实际。所以，在今后研究对象标识统一性对物流资源整合的影响机理时，如何考究其他维度和相关延迟的作用，值得做进一步的探讨。

（2）本书在提出物流资源整合中对象标识统一化方案时，主要涉及基于 OID 的对象标识的具体编码方法和它所依赖的网络拓扑与结构，但在运用计算机语言进行编程实现方面尚未涉及。这主要是因为该领域的问题主要属于软件工程、通信与信息系统等专业的研究范畴，所以在今后的研究工作中，对物流资源整合中对象标识统一化方案的进一步探究，需要软件工程等相关专业人员提供支持与帮助，以实现最终的应用落地。

（3）本书虽然针对多任务、多目标、多约束的物流资源整合问题，结合对象标识统一化程度的影响，建立了以物流成本、服务时间及物流资源利用率为目标的物流资源整合优化模型，并应用改进的遗传算法进行了计算。但实际工作中，不同企业的对象标识统一化程度往往存在差异。同一对象标识统一化程度下企业运行效果也各不相同，从而对应的物流成本影响系数及时间影响服务系数会产生变化。因此，企业对象标识统一化程度存在差异时的多任务物流资源整合问题将是下一步的研究重点。

附　　录

WDQ 公司不同物流任务下的合作企业及物流资源情况

附表1　完成纵向物流资源整合各物流任务时的候选物流资源情况

物流任务	物流环节	操作名称	候选资源种类	需要的资源数量
物流任务1	环节1	从大连发船到威海	承运人	0.1
	环节2	卸船装车	装卸人员1	5
			装卸人员2	4
			装卸人员3	5
	环节3	威海陆运到石岛码头	车型1	2
			车型2	1
			车型3	2
			车型4	2
	环节4	卸车入码头仓库	装卸人员1	5
			装卸人员2	4
			装卸人员3	5
	环节5	码头货物打包装	托盘1	15
			托盘2	13
			托盘3	13

物流任务	物流环节	操作名称	候选资源种类	需要的资源数量
物流任务1	环节6	货物装卸到集装箱	叉车1	3
			叉车2	3
			叉车3	2
			叉车4	3
	环节7	集装箱海运到日本大阪	集装箱1	1
			集装箱2	1
			集装箱3	1
物流任务2	环节1	把货物从天津运到青岛	车型1	1
			车型2	1
			车型3	1
			车型4	1
	环节2	卸车入库	装卸人员1	2
			装卸人员2	3
			装卸人员3	2
	环节3	在青岛仓库暂存	仓库1	0.05
			仓库2	0.1
			仓库3	0.1
	环节4	货物打包装	托盘1	8
			托盘2	7
			托盘3	7
	环节5	出库配载	配载人员1	2
			配载人员2	3
			配载人员3	3
	环节6	货物运输到目的地	车型1	1
			车型2	1
			车型3	1
			车型4	1

物流任务	物流环节	操作名称	候选资源种类	需要的资源数量
物流任务3	环节1	把货物从天津运到青岛	车型1	2
			车型2	1
			车型3	2
			车型4	5
			车型5	2
	环节2	卸车入库	叉车1	10
			叉车2	4
			叉车3	4
	环节3	在青岛仓库暂存	仓库1	0.1
			仓库2	0.2
			仓库3	0.1
	环节4	货物打包装	托盘1	20
			托盘2	14
			托盘3	25
	环节5	出库配载	叉车1	10
			叉车2	4
			叉车3	4
	环节6	货物运输到目的地	车型1	2
			车型2	1
			车型3	2
			车型4	2
物流任务4	环节1	把货物从大连发船运到威海	承运人	0.1
	环节2	卸船装车	装卸人员1	5
			装卸人员2	4
			装卸人员3	5
	环节3	威海陆运到石岛码头	车型1	2
			车型2	1
			车型3	2

物流任务	物流环节	操作名称	候选资源种类	需要的资源数量
物流 任务 4	环节 4	卸车入码头仓库	装卸人员 1	5
			装卸人员 2	4
			装卸人员 3	5
	环节 5	码头货物打包装	托盘 1	15
			托盘 2	13
			托盘 3	13
	环节 6	货物装卸到集装箱	叉车 1	3
			叉车 2	2
			叉车 3	3
	环节 7	集装箱运输到韩国群山	集装箱 1	1
			集装箱 2	1
			集装箱 3	1
物流 任务 5	环节 1	把货物从威海运到烟台码头	车型 1	2
			车型 2	1
			车型 3	1
			车型 4	1
	环节 2	卸车入库	装卸人员 1	4
			装卸人员 2	5
			装卸人员 3	5
	环节 3	码头货物打包装	托盘 1	15
			托盘 2	13
			托盘 3	13
	环节 4	货物装卸到集装箱	叉车 1	4
			叉车 2	3
			叉车 3	4
	环节 5	货物运输到日本名古屋	集装箱 1	1
			集装箱 2	1
			集装箱 3	1
			集装箱 4	1

附表2　　　　完成横向物流资源整合各物流任务时的

候选企业及物流资源情况

物流任务	可选择的厂商	候选资源种类	需要的资源数量
物流任务1	企业1	车型1	3
		车型2	2
		车型3	1
		车型4	1
	企业2	车型1	3
		车型2	2
		车型3	3
		车型4	1
	企业3	车型1	3
		车型2	2
		车型3	1
	企业4	车型1	2
		车型2	1
		车型3	1
物流任务2	企业1	车型1	2
		车型2	2
		车型3	1
	企业2	车型1	2
		车型2	1
		车型3	1
		车型4	1
	企业3	车型1	2
		车型2	1
		车型3	1
		车型4	1

物流任务	可选择的厂商	候选资源种类	需要的资源数量
物流 任务 2	企业 4	车型 1	2
		车型 2	1
		车型 3	2
物流 任务 3	企业 1	车型 1	3
		车型 2	2
		车型 3	1
		车型 4	1
		车型 5	2
	企业 2	车型 1	3
		车型 2	2
		车型 3	1
	企业 3	车型 1	3
		车型 2	2
		车型 3	1
		车型 4	1
	企业 4	车型 1	2
		车型 2	1
物流 任务 4	企业 1	集装箱 1	2
		集装箱 2	1
	企业 2	集装箱 1	2
		集装箱 2	1
	企业 3	集装箱 1	2
		集装箱 2	1
	企业 4	集装箱 1	2
		集装箱 2	1
	企业 5	集装箱 1	2
		集装箱 2	1

物流任务	可选择的厂商	候选资源种类	需要的资源数量
物流 任务4	企业6	集装箱1	2
		集装箱2	1
	企业7	集装箱1	2
		集装箱2	1
物流 任务5	企业1	集装箱1	2
		集装箱2	1
	企业2	集装箱1	2
		集装箱2	1
	企业3	集装箱1	2
		集装箱2	1
	企业4	集装箱1	2
		集装箱2	1
	企业5	集装箱1	2
		集装箱2	1
	企业6	集装箱1	2
		集装箱2	1
	企业7	集装箱1	2
		集装箱2	1
		集装箱3	1

附表3   完成网状物流资源整合各物流任务时的

候选企业及物流资源情况

物流任务	物流环节	操作名称	可选择的厂商	候选资源种类	需要的资源数量
物流 任务1	环节1	从大连发船 到威海	企业1	承运人	0.1
			企业2	承运人	0.05

物流任务	物流环节	操作名称	可选择的厂商	候选资源种类	需要的资源数量
物流任务1	环节2	卸船装车	企业1	装卸人员1	5
				装卸人员2	4
				装卸人员3	5
			企业2	装卸人员1	7
				装卸人员2	5
			企业3	装卸人员1	7
				装卸人员2	5
				装卸人员3	4
	环节3	威海陆运到石岛码头	企业1	车队1	2
				车队2	1
				车队3	1
			企业2	车队1	2
				车队2	1
	环节4	码头货物打包装	企业1	托盘1	15
				托盘2	13
			企业2	托盘1	20
				托盘2	17
	环节5	货物装卸到集装箱	企业1	叉车1	3
				叉车2	2
			企业2	叉车1	3
				叉车2	2
	环节6	集装箱海运到日本大阪	企业1	集装箱1	1
				集装箱2	1
				集装箱3	1
物流任务2	环节1	把货物从天津运到青岛	企业1	车队1	1
				车队2	1
				车队3	1
				车队4	1

物流任务	物流环节	操作名称	可选择的厂商	候选资源种类	需要的资源数量
物流任务2	环节1	把货物从天津运到青岛	企业2	车队1	1
				车队2	1
				车队3	1
	环节2	卸车入库	企业1	装卸人员1	2
				装卸人员2	3
				装卸人员3	2
			企业2	装卸人员1	4
				装卸人员2	3
			企业3	装卸人员1	4
				装卸人员2	3
				装卸人员3	2
	环节3	在青岛仓库暂存	企业1	仓库1	0.05
				仓库2	0.1
			企业2	仓库1	0.05
				仓库2	0.04
	环节4	出库配载	企业1	配载人员1	2
				配载人员2	3
				配载人员3	2
			企业2	配载人员1	4
				配载人员2	3
			企业3	配载人员1	4
				配载人员2	3
				配载人员3	2
	环节5	货物运输到目的地	企业1	车队1	1
				车队2	1
				车队3	1
				车队4	1

物流任务	物流环节	操作名称	可选择的厂商	候选资源种类	需要的资源数量
物流任务 3	环节 1	把货物从天津运到青岛	企业 1	车队 1	2
				车队 2	1
				车队 3	1
			企业 2	车队 1	2
				车队 2	3
				车队 3	2
	环节 2	卸车入库	企业 1	叉车 1	10
				叉车 2	4
				叉车 3	4
			企业 2	叉车 1	7
				叉车 2	5
			企业 3	叉车 1	10
				叉车 2	7
				叉车 3	5
	环节 3	在青岛仓库暂存	企业 1	仓库 1	0.1
				仓库 2	0.2
			企业 2	仓库 1	0.1
				仓库 2	0.07
	环节 4	出库配载	企业 1	叉车 1	10
				叉车 2	4
				叉车 3	4
			企业 2	叉车 1	7
				叉车 2	5
			企业 3	叉车 1	10
				叉车 2	7
				叉车 3	5

物流任务	物流环节	操作名称	可选择的厂商	候选资源种类	需要的资源数量
物流任务3	环节5	货物运输到目的地	企业1	车队1	2
				车队2	1
			企业2	车队1	3
				车队2	2
				车队3	2
物流任务4	环节1	从大连发船到威海	企业1	承运人	0.1
			企业2	承运人	0.05
			企业3	承运人	0.1
	环节2	卸船装车	企业1	装卸人员1	5
				装卸人员2	4
				装卸人员3	5
			企业2	装卸人员1	7
				装卸人员2	5
			企业3	装卸人员1	7
				装卸人员2	5
				装卸人员3	4
	环节3	威海陆运到石岛码头	企业1	车队1	2
				车队2	1
				车队3	2
			企业2	车队1	2
				车队2	1
	环节4	码头货物打包装	企业1	托盘1	15
				托盘2	13
			企业2	托盘1	20
				托盘2	17
	环节5	货物装卸到集装箱	企业1	叉车1	3
				叉车2	2
				叉车3	2

物流任务	物流环节	操作名称	可选择的厂商	候选资源种类	需要的资源数量
物流任务4	环节6	集装箱海运到韩国群山	企业1	集装箱1	1
				集装箱2	1
				集装箱3	1
物流任务5	环节1	把货物从威海运到烟台码头	企业1	车队1	2
				车队2	1
				车队3	1
			企业2	车队1	2
				车队2	1
	环节2	卸车入库	企业1	装卸人员1	5
				装卸人员2	4
				装卸人员3	5
			企业2	装卸人员1	7
				装卸人员2	5
			企业3	装卸人员1	7
				装卸人员2	5
				装卸人员3	4
	环节3	码头货物打包装	企业1	托盘1	15
				托盘2	13
			企业2	托盘1	20
				托盘2	17
				托盘3	15
	环节4	货物装卸到集装箱	企业1	叉车1	3
				叉车2	2
			企业2	叉车1	3
				叉车2	2
	环节5	集装箱海运到日本名古屋	企业1	集装箱1	1
				集装箱2	1
				集装箱3	1
				集装箱4	1

参 考 文 献

［1］谢菲，黄新建，姜睿清．我国物流产业投入产出效率研究［J］．南京师大学报：社会科学版，2014（1）：48－56．

［2］MELLAT－PARAST M，E. SPILLAN J. Logistics and Supply Chain Process Integration as A source of Competitive Advantage：An Empirical Analysis［J］. The International Journal of Logistics Management，2014，25（2）：289－314．

［3］夏伟怀，陈治亚，李燕群．基于多目标决策模型的物流资源整合效率研究［J］．铁道科学与工程学报，2009，6（6）：86－90．

［4］GB/T 18354－2006，物流术语［S］．北京：中国标准出版社，2007．

［5］官大庆，刘世峰，王跃平．物流资源整合环境下供应链激励机制委托代理研究［J］．软科学，2013，27（5）：51－65．

［6］马晓燕．我国物流资源整合模式研究［J］．社会科学家，2011（9）：92－95．

［7］姜大立，王丰，王洪等．西部物流资源的优化配置研究［J］．物流技术，2003，（7）：13－15．

［8］张江滨．浅析基于核心竞争力的物流企业资源整合［J］．物流科技，2008，31（1）：9－12．

［9］兰炜．物流资源浪费问题的研究与对策［J］．生产力研究，2013（3）：140－141．

［10］夏伟怀．铁路物流资源整合优化理论与应用研究［D］．中南大学，2010．

［11］王之泰．物流领域：需要资源整合［J］．物流科技，2006，29（132）：01－03．

［12］LEONARD D. Building and Sustaining The Source of Innovation［M］. Harvard Business School Press，Boston Massachusetts，1995．

［13］王佐．论物流企业的资源整合［J］．中国物流与采购，2002（22）：8－15．

［14］林荣清，苏选良．论企业物流资源整合与流程再造［J］．湖南工程学院学报（社会科学版），2004，14（2）：15－18．

［15］张占东，王新安．物流产业资源整合探析［J］．交通企业管理，2006，21（12）：43－44．

［16］VAN DONK D P，VAN DER VAART T. A Case of Shared Resources，Uncertainty and Supply Chain Integration in The Process Industry［J］. International Journal of Production Economics，2005（96）：97－108．

［17］穆东．物流资源整合及其低碳化研究现状［J］．中国流通经济，2015，29（1）：17－24．

［18］林晓伟，舒辉，陈明．集成化物流资源整合的协同框架分析［J］．经济管理，2011，33（2）：147－152．

[19] 董千里. 区域物流信息平台与资源整合 [J]. 交通运输工程学报, 2002, 2 (4): 58 - 62.

[20] 成耀荣. 浅论物流资源整合 [J]. 物流技术, 2004 (01): 14 - 15.

[21] MELE C, RUSSO SPENA T, COLURCIO M. Co-creating Value Innovation Through Resource Integration [J]. International Journal of Quality and Service Sciences, 2010, 2 (1): 60 - 78.

[22] ROSENZWEIG E D, ROTH A V, DEAN J W. The Influence of An Integration Strategy on Competitive Capabilities and Business Performance: An Exploratory Study of Consumer Products Manufacturers [J]. Journal of Operations Management, 2003, 21 (4): 437 - 456.

[23] WONG C Y, BOON - ITT S, WONG C W Y. The Contingency Effects of Environmental Uncertainty on The Relationship Between Supply Chain Integration and Operational Performance [J]. Journal of Operations Management, 2011, 29 (6): 604 - 615.

[24] FLYNN B B, HUO B, ZHAO X. The Impact of Supply Chain Integration on Performance: A Contingency and Configuration Approach [J]. Journal of Operations Management, 2010, 28 (1): 58 - 71.

[25] ADAMS F G, RICHEY R G, AUTRY C W, et al. Supply Chain Collaboration, Integration, and Relational Technology: How Complex Operant Resources Increase Performance Outcomes [J]. Journal of Business Logistics, 2014, 35 (4): 299 - 317.

[26] ALAM A, K. BAGCHI P, KIM B, et al. The Mediating Effect of Logistics Integration on Supply Chain Performance: A Multi-

country Study [J]. The International Journal of Logistics Management, 2014, 25 (3): 553 –580.

[27] RICHEY R G, ROATH A S, WHIPPLE J M, et al. Exploring A Governance Theory of Supply Chain Management: Barriers and Facilitators to Integration [J]. Journal of Business Logistics, 2010, 31 (1): 237 –256.

[28] 戴君, 谢珌, 王强. 第三方物流整合对物流服务质量, 伙伴关系及企业运营绩效的影响研究 [J]. 管理评论, 2013, 27 (5): 188.

[29] PRAJOGO D, OLHAGER J. Supply Chain Integration and Performance: The Effects of Long-term Relationships, Information Technology and Sharing, and Logistics Integration [J]. International Journal of Production Economics, 2012, 135 (1): 514 –522.

[30] ZAILANI S, RAJAGOPAL P. Supply Chain Integration and Performance: US versus East Asian Companies [J]. Supply Chain Management: An International Journal, 2005, 10 (5): 379 –393.

[31] STANK T P, KELLER S B, CLOSS D J. Performance Benefits of Supply Chain Logistical Integration [J]. Transportation Journal, 2001: 32 –46.

[32] 田帅辉. 面向物流任务的动态物流联盟资源配置管理研究 [D]. 重庆大学, 2012, 11.

[33] ALTIPARMAK F, GEN M, LIN L, et al. A Genetic Algorithm Approach for Multi-objective Optimization of Supply Chain Networks [J]. Computers & Industrial Engineering, 2006, 51 (1): 196 –215.

［34］CHEN K H, SU C T. Activity Assigning of Fourth Party Logistics by Particle Swarm Optimization-based Preemptive Fuzzy Integer Goal Programming ［J］. Expert Systems with Applications, 2010, 37（5）: 3630 – 3637.

［35］白世贞, 郑小京. 基于三层一回声模型的供应链复杂适应系统资源流研究 ［J］. 中国管理科学, 2007, 15（2）: 111 – 120.

［36］KWON O, IM G P, LEE K C. MACE – SCM: A Multi-agent and Case-based Reasoning Collaboration Mechanism for Supply Chain Management Under Supply and Demand Uncertainties ［J］. Expert Systems with Applications, 2007, 33（3）: 690 – 705.

［37］NAGURNEY A. A System-optimization Perspective for Supply Chain Network Integration: The Horizontal Merger Case ［J］. Transportation Research Part E, 2009（45）: 1 – 15.

［38］ROSENTHAL E C. A Game-theoretic Approach to Transfer Pricing in A Vertically Integrated Supply Chain ［J］. International Journal of Production Economics, 2008, 115（2）: 542 – 552.

［39］吴文征, 鞠颂东. 基于非合作博弈的我国物流园区协同发展探讨 ［J］. 中国流通经济, 2010（12）: 26 – 29.

［40］姚建明.4PL模式下供应链资源整合的多回合博弈决策分析 ［J］. 运筹与管理, 2012, 21（4）: 7 – 14.

［41］丁明磊, 刘秉镰. 基于复杂系统观的区域物流协同创新与演化 ［J］. 科技管理研究, 2010（4）: 176 – 178.

［42］潘峰. 基于快速响应的物流网络资源动态整合研究 ［J］.

山西财经大学学报，2013，35（1）：43-46.

[43] 王旭，田帅辉，王振锋. 面向物流任务的跨组织边界物流资源优化配置 [J]. 计算机集成制造系统，2012，18（2）：389-395.

[44] 刘江鹏，米俊. 基于客户满意的供应链物流联盟任务分配模型 [J]. 云南财经大学学报，2013（3）：125-133.

[45] 王晓立，马士华. 多级供应链服务时间窗下物流资源整合优化 [J]. 系统工程，2011（12）：1-5.

[46] LIU Q，ZHANG C，ZHU K，et al. Novel Multi-objective Resource Allocation and Activity Scheduling for Fourth Party Logistics [J]. Computers & Operations Research，2014（44）：42-51.

[47] RAMEZANI M，BASHIRI M，TAVAKKOLI - MOGHADDAM R. A New Multi-objective Stochastic Model for A Forward/Reverse Logistic Network Design with Responsiveness and Quality Level [J]. Applied Mathematical Modelling，2013，37（1）：328-344.

[48] 姚建明. 基于服务能力均衡的网购供应链资源整合决策 [J]. 中国管理科学，2015，23（10）：88-97.

[49] 韩庆兰. 物流设施规划的多目标优化模型 [J]. 控制与决策，2006，21（8）：957-960.

[50] 刘国岩. 第四方物流企业调度管理优化的模拟退火粒子群算法研究 [J]. 软科学，2010，24（8）：134-137.

[51] 王勇，赵骅，李勇. 用禁忌算法求解第四方物流作业整合优化模型 [J]. 系统工程学报，2006，21（2）：143-149.

[52] KRAJEWSKA M A，KOPFER H. Transportation Planning in

Freight Forwarding Companies: Tabu Search Algorithm for The Integrated Operational Transportation Planning Problem [J]. European Journal of Operational Research, 2009, 197 (2): 741 –751.

[53] 姚建明, 刘丽文. 4PL 模式下供应链资源整合决策的优化模型及算法分析 [J]. 系统工程理论与实践, 2008, 28 (5): 20 – 28.

[54] 莫赞, 刘泓里, 谢海涛. 基于混合蚁群算法的网格资源调度研究 [J]. 科技管理研究, 2013, 33 (24): 233 –236.

[55] SCHARY P B, COAKLEY J. Logistics Organization and The Information System [J]. International Journal of Logistics Management, 1991, 2 (2): 22 –29.

[56] DINTER B. Success Factors for Information Logistics Strategy—An Empirical Investigation [J]. Decision Support Systems, 2013, 54 (3): 1207 –1218.

[57] 陈永平. 供应链信息资源优化及其价值创造能力提升——以农产品物流业为例 [J]. 商业经济与管理, 2014, 276 (10): 5 –14.

[58] HARDENBURG G, CURTIS C. Logistics Control and Information Support (LOCIS) [J], AUTOTESTCON (Proceedings) 2000. IEEE, Piscataway, NJ, USA, 40 –42.

[59] SHIN T H, CHIN S, YOON S W, et al. A Service-oriented Integrated Information Framework for RFID/WSN-based Intelligent Construction Supply Chain Management [J]. Automation in Construction, 2011 (20): 706 –715.

［60］CHOW H K H, CHOY K L, LEE W B. A Dynamic Logistics Process Knowledge-based System-an RFID Multi-agent Approach ［J］. Knowledge‐Based Systems, 2007, 20（4）: 357 - 372.

［61］陈永平，蒋宁．大数据时代供应链信息聚合价值及其价值创造能力形成机理 ［J］. 情报理论与实践，2015，38（7）: 80 - 85.

［62］李光凤．基于网格技术的物流管理公共信息平台构建 ［J］. 求索，2011（12）: 14 - 16.

［63］单丽辉，张仲义，王喜富等．基于系统理论的物流网络分析与资源整合 ［J］. 北京交通大学学报：社会科学版，2011，10（2）: 47 - 53.

［64］张红，韩庆文，余福茂．二维条码技术在医药行业物流管理系统中的应用 ［J］. 重庆大学学报，2004，27（4）: 122 - 129.

［65］SARDROUD J M. Influence of RFID Technology on Automated Management of Construction Materials and Components ［J］. Scientia Iranica A, 2012, 19（3）: 381 - 392.

［66］龚贺. GS1 系统在商业连锁企业物流管理中的应用 ［J］. 条码与信息系统，2009，3: 5 - 8.

［67］CLOSS D J, XU K. Logistics Information Technology Practice in Manufacturing and Merchandising Firms ［J］. International Journal of Physical Distribution & Logistics Management, 2000, 30（10）: 869 - 886.

［68］齐玉梅，方芳，宋传平．条码技术——物流管理的基石

［J］. 技术经济与管理研究，2007（3）：62 – 63.

　　［69］吴青. 基于条码技术的信息流、实物流的同步融合架构［J］. 物流技术，2003（5）：30 – 31.

　　［70］MUSA A，GUNASEKARAN A，YUSUF Y. Supply Chain Product Visibility：Methods，Systems and Impacts［J］. Expert Systems with Applications，2014，41（1）：176 – 194.

　　［71］赵卓，戴小鹏，贺智勇. QR 码在农产品供应链追溯系统中的应用研究［J］. 农业图书情报学刊，2010，22（11）：5 – 8.

　　［72］郭建宏，钱莲文. 二维条码在蔬菜产品质量追溯中的应用［J］. 武汉理工大学学报，2010，32（21）：111 – 114

　　［73］JOHANSSON O，PÅLSSON H. The Impact of Auto – ID on Logistics Performance：a Benchmarking Survey of Swedish Manufacturing Industries［J］. Benchmarking：An International Journal，2009，16（4）：504 – 522.

　　［74］MCFARLANE D，SHEFFI Y. The Impact of Automatic Identification on Supply Chain Operations［J］. The International Journal of Logistics Management，2003，14（1）：1 – 17.

　　［75］POON T C，CHOY K L，CHOW H K H，et al. A RFID Case-based Logistics Resource Management System for Managing Order-picking Operations in Warehouses［J］. Expert Systems with Applications，2009，36（4）：8277 – 8301.

　　［76］李琳，范体军. 基于 RFID 技术应用的鲜活农产品供应链决策研究［J］. 系统工程理论与实践，2014，34（4）：837 – 844.

　　［77］张李浩，范体军，杨惠霄. 基于 RFID 技术的供应链投资

决策及协调策略研究［J］. 中国管理科学，2015，23（8）：112 - 121.

［78］ LI S, GODON D, VISICH J K. An Exploratory Study of RFID Implementation in The Supply Chain［J］. Management Research Review, 2010, 33（10）：1005 - 1015.

［79］ SCHMIDT M, THOROE L, SCHUMANN M. Co-existence of RFID and Barcode in Automotive Logistics［C］//AMCIS. 2010：84.

［80］ SCHMIDT M, THOROE L, SCHUMANN M. RFID and Barcode in Manufacturing Logistics：Interface Concept for Concurrent Operation［J］. Information Systems Management, 2013, 30（2）：100 - 115.

［81］ QIAN J P, YANG X T, WU X M, et al. A Traceability System Incorporating 2D Barcode and RFID Technology for Wheat Flour Mills［J］. Computers and Electronics in Agriculture, 2012, 89：76 - 85.

［82］ 刘国梅，孙新德. 基于 WSN 和 RFID 的农产品冷链物流监控追踪系统［J］. 农机化研究，2011（4）：179 - 182.

［83］ CHOW H K H, CHOY K L, LEE W B, et al. Integration of Web-based and RFID Technology in Visualizing Logistics Operations - A Case Study［J］. Supply Chain Management：An International Journal, 2007, 12（3）：221 - 234.

［84］ 于海宁，余翔湛. 物联网中基于编码的多路径并发实体通用搜索算法［J］. 智能计算机与应用，2013（2）：25 - 31.

［85］ KARL A. HRIBERNIK, CARL HANS, CHRISTOPH KRAMER. Architecting The Internet of Things［M］. Springer Berlin Heidelberg，2011：131－158.

[86] WONG C Y，MCFARLANE D. The Intelligent Product Driven Supply Chain [J]. Auto ID Center White Paper，2003（1）：31－37.

[87] BOTTANI E，RIZZI A. Economical Assessment of The Impact of RFID Technology and EPC System on The Fast-moving Consumer Goods Supply Chain [J]. Int. J. Production Economics，2008（112）：548－569.

[88] 梁正平，纪震，林佳利等．基于三维编码的全流程食品追溯系统 [J]. 深圳大学学报理工版，2010，27（3）：312－316.

[89] SUNDMAEKER H，GUILLEMIN P，et al. Vision and Challenges for Realising The Internet of Things [M]. Luxemborg：Publication Office of the European Union，2010.

[90] CERP－IoT. Internet of Things Strategic Research Roadmap [OL]．http：//ec. europa. eu/information － society/policy/rfid/documents/in－cerp. pdf，2009－09－15.

[91] 孙红，张建宏，秦守文等．物联网统一编码体系的研究 [J]. 计算机应用研究，2013，30（9）：2707－2710.

[92] 张成海．物联网对象编码标识体系分析 [J]. 条码与信息系统，2011（5）：20－22.

[93] 来文燕．基于 D2D 的物联网资源寻址技术研究 [D]. 北京邮电大学，2013，01.

[94] 杨华荣．物联网中基于地址的物品标识与查询研究 [D]. 华南理工大学，2013，06.

[95] JUNG E，CHOI Y，LEE J S，et al. An OID-based Identifier

Framework Supporting The Interoperability of Heterogeneous Identifiers [C]//Advanced Communication Technology (ICACT), 2012 14th International Conference on. IEEE, 2012: 304 – 308.

[96] 张文静. 农产品物流质量安全多维码组合追溯系统研究 [D]. 北京交通大学, 2014, 01.

[97] 刘潇潇. 基于 RFID/Ecode 物联网的食品供应链单品追溯管理系统研究 [J]. 安徽农业科学, 2015, 43 (2): 359 – 362.

[98] 孔宁. 物联网资源寻址关键技术研究 [D]. 中国科学院研究生院, 2008.

[99] 庞晓提. 物联网资源寻址特性研究 [J]. 信息系统工程, 2012 (1): 64 – 65.

[100] 万年红, 王雪蓉. 云信任驱动的物联网信息资源寻址模型 [J]. 计算机应用, 2011, 31 (5): 1184 – 1188.

[101] MARTINEZ – JULIA P, SKARMETA A F. Beyond The Separation of Identifier and Locator: Building An Identity-based Overlay Network Architecture for The Future Internet [J]. Computer Networks, 2013 (57): 2280 – 2300.

[102] SPLEIß C, KUNZMANN G. A Naming Scheme for Identifiers in A Locator/Identifier-split Internet Architecture [C]//ICN 2011, The Tenth International Conference on Networks. 2011: 57 – 62.

[103] SAHIN E. A Qualitative and Quantitative Analysis of The Impact of The Auto ID Technology on Supply Chains [D]. Ecole Centrale Paris, 2004.

[104] LEE D, PARK J. RFID-based Traceability in The Supply

Chain ［J］. Industrial Management & Data Systems，2008，108（6）：713 - 725.

［105］PORTER J D，BILLO R E，MICKLE M H. A Standard Test Protocol for Evaluation of Radio Frequency Identification Systems for Supply Chain Applications ［J］. Journal of Manufacturing Systems，2004，23（1）：46 - 55.

［106］WONG W K，GUO Z X，LEUNG S Y S. Intelligent Multi-objective Decision-making Model with RFID Technology for Production Planning ［J］. International Journal of Production Economics，2014，147：647 - 658.

［107］HINKKA V. Challenges for Building RFID Tracking Systems Across The Whole Supply Chain ［J］. International Journal of RF Technologies：Research and Applications，2012，3（3）：201 - 218.

［108］RICHEY R G，ROATH A S，WHIPPLE J M，et al. Exploring A Governance Theory of Supply Chain Management：Barriers and Facilitators to Integration ［J］. Journal of Business Logistics，2010，31（1）：237 - 256.

［109］PÅLSSON H，JOHANSSON O. Supply Chain Integration Obtained Through Uniquely Labelled Goods：A Survey of Swedish Manufacturing Industries ［J］. International Journal of Physical Distribution & Logistics Management，2009，39（1）：28 - 46.

［110］KIRITSIS D. Closed-loop PLM for Intelligent Products in The Era of The Internet of Things ［J］. Computer - Aided Design，2011，43：479 - 501.

[111] 俞华，路红艳. 物联网在我国流通领域应用前景分析 [J]. 经济理论与经济管理，2012 (8)：32 – 38.

[112] 侯汉平. 多重复合适应性 X 方物流形成机理研究 [D]. 北京交通大学，2009.

[113] DAUGHERTY P J, ELLINGER A E, GUSTIN C M. Integrated Logistics：Achieving Logistics Performance Improvements [J]. Supply Chain Management：An International Journal, 1996, 1 (3)：25 – 33.

[114] 王利，王勇，姜林. 物流服务水平影响需求的3PL 参与下的供应链协调研究 [J]. 科技管理研究，2013, 33 (22)：205 – 209.

[115] 李波，邱红艳. 基于双层模糊聚类的多车场车辆路径遗传算法 [J]. 计算机工程与应用，2014, 50 (5)：261 – 264.

[116] SUNDARAKANI B, DE SOUZA R, GOH M, et al. Modeling Carbon Footprints Across The Supply Chain [J]. Int. J. Production Economics, 2010, 128 (1)：43 – 50.

[117] HUTH T, MATTFELD D C. Integration of Vehicle Routing and Resource Allocation in A Dynamic Logistics Network [J]. Transportation Research Part C：Emerging Technologies, 2009, 17 (2)：149 – 162.

[118] 董千里，董展，关高峰. 低碳物流运作的理论与策略研究 [J]. 科技进步与对策，2010, 27 (22)：100 – 102.

[119] 余泳泽，武鹏. 我国物流产业效率及其影响因素的实证研究——基于中国省际数据的随机前沿生产函数分析 [J]. 产业经

济研究，2010（1）：65 – 71.

[120] 朱培培，徐旭. 基于循环经济的低碳物流发展模式研究 [J]. 生产力研究，2011（2）：13 – 14.

[121] 张铎，朱惠琦，于超群. 物品标识术语 [J]. 中国自动识别技术，2012（35）：52 – 55.

[122] 邹慧宇，徐文胜. 制造业中物品标识技术的分析与应用 [J]. 制造业自动化，2012，34（16）：24 – 27.

[123] 张铎. 物联网与物品标识系统 [J]. 物联网技术，2012，2（3）：1 – 4.

[124] 黄履珺. 应用 RFID/EPC 技术提高供应链物流效率 [J]. 中国水运，2007，5（7）：203 – 204.

[125] 陈睿，谌绍巍，凌力. 基于 RFID 技术的正向物流应用模型 [J]. 计算机应用与软件，2009，26（11）：150 – 153.

[126] SMART A U, BUNDUCHI R, GERST M. The Costs of Adoption of RFID Technologies in Supply Networks [J]. International Journal of Operations & Production Management，2010，30（4）：423 – 447.

[127] 范如国，王丽丽. RFID 对生鲜农产品运输时间及零售商与物流商收益的影响分析 [J]. 技术经济，2011，30（7）：118 – 121.

[128] 唐任仲，胡罗克，周邦等. 基于无线射频识别技术的车间在制品物流状态分析 [J]. 计算机集成制造系统，2014，20（1）：45 – 54.

[129] MO J P T, GAJZER S, FANE M, et al. Process Integration

for Paperless Delivery Using EPC Compliance Technology [J]. Journal of Manufacturing Technology Management, 2009, 20 (6): 866 – 886.

[130] JAKKHUPAN W, ARCH – INT S, LI Y. Business Process Analysis and Simulation for The RFID and EPC Global Network Enabled Supply Chain: A Proof-of-concept Approach [J]. Journal of Network and Computer Applications, 2011, 34 (3): 949 – 957.

[131] LIN L C. An Integrated Framework for The Development of Radio Frequency Identification Technology in The Logistics and Supply Chain Management [J]. Computers & Industrial Engineering, 2009 (57): 832 – 842.

[132] ILIE – ZUDOR E, KEMéNY Z, VAN BLOMMESTEIN F, et al. A Survey of Applications and Requirements of Unique Identification Systems and RFID Techniques [J]. Computers in Industry, 2011, 62 (3): 227 – 252.

[133] 刘俊华, 李瑶琴, 长青. 物流基础设施投资与经济增长关系研究——基于系统动力学与误差修正模型 [J]. 华东经济管理, 2013, 27 (12): 65 – 70.

[134] 薛楠. 我国绿色物流跨域协作机制: 缺失与构建 [J]. 中国流通经济, 2010 (4): 45 – 49.

[135] Trappey A J C, Trappey C V, Wu C R. Genetic Algorithm Dynamic Performance Evaluation for RFID Reverse Logistic Management [J]. Expert Systems with Applications, 2010 (37): 7329 – 7335.

[136] 林兴志. 基于物联网的物流托盘联营统一信息系统分析 [J]. 科技管理研究, 2011 (7): 198 – 201.

[137] ZHU H, HOU H. Object Unified Identifier Method in Logistics Resource Integration [J]. Journal of Industrial Engineering and Management, 2015, 8 (1): 184 –202.

[138] GB/T 26231 –2010, 信息技术开放系统互连 OID 的国家编号体系和注册规程 [S]. 北京: 中国标准出版社, 2011.

[139] 聂建亮, 钟涨宝. 农户分化程度对农地流转行为及规模的影响 [J]. 资源科学, 2014, 36 (4): 749 –757.

[140] 卢闯, 张伟华, 崔程皓. 市场环境、产权性质与企业纵向一体化程度 [J]. 会计研究, 2013 (7): 50 –55.

[141] 朱翊敏. 奖励额度和努力程度对网络推荐意愿的影响 [J]. 软科学, 2013, 27 (10): 10 –15.

[142] 代宏砚, 张然子, 张津. 信息共享程度对我国服装供应链库存成本的影响 [J]. 运筹与管理, 2014, 23 (5): 147 –154.

[143] WAMBA S F, LEFEBVRE L A, BENDAVID Y, et al. Exploring The Impact of RFID Technology and The EPC Network on Mobile B2B eCommerce: A Case Study in The Retail Industry [J]. International Journal of Production Economics, 2008 (112) 2: 614 –629.

[144] WHITE A, JOHNSON M, WILSON H. RFID in The Supply Chain: Lessons from European Early Adopters [J]. International Journal of Physical Distribution & Logistics Management, 2008, 38 (2): 88 –107.

[145] DE MARCO A, CAGLIANO A C, NERVO M L, et al. Using System Dynamics to Assess The Impact of RFID Technology on Retail Operations [J]. International Journal of Production Economics,

2012, 135（1）：333 – 344.

［146］ BECKER J, VILKOV L, WEIß B, et al. A Model Based Approach for Calculating The Process Driven Business Value of RFID Investments ［J］. International Journal of Production Economics, 2010, 127（2）：358 – 371.

［147］ LEE C K H, CHOY K L, LAW K M Y, et al. Application of Intelligent Data Management in Resource Allocation for Effective Operation of Manufacturing Systems ［J］. Journal of Manufacturing Systems, 2014.

［148］ MEYER G G, FRÄMLING K, HOLMSTRÖM J. Intelligent Products：A Survey ［J］. Computers in Industry, 2009, 60（3）：137 – 148.

［149］ TZENG S F, CHEN W H, PAI F Y. Evaluating The Business Value of RFID：Evidence from Five Case Studies ［J］. International Journal of Production Economics, 2008, 112（2）：601 – 613.

［150］ STERMAN J D. Business Dynamics：Systems Thinking and Modeling for A Complex World ［M］. Boston：Irwin/McGraw – Hill, 2000.

［151］ 钟永光，李旭，贾晓菁. 系统动力学 ［M］. 科技出版社，2009.

［152］ EBERLEIN R. Vensim User's Guide（version 5）［J］. Ventana Systems, Harvard, MA, 2007.

［153］ 贺盛瑜. 物流联盟企业间的信任博弈分析 ［J］. 中国流通经济，2004, 18（10）：18 – 21.

［154］WEI H L, WONG C W Y, LAI K. Linking Inter-organizational Trust with Logistics Information Integration and Partner Cooperation Under Environmental Uncertainty ［J］. International Journal of Production Economics, 2012, 139 (2): 642 –653.

［155］LUTZ H, VANG D O, RAFFIELD W D. Using Game Theory to Predict Supply Chain Cooperation ［J］. Performance Improvement, 2012, 51 (3): 19 –23.

［156］向小东, 陈美燕. 供应链企业信息共享演化博弈 ［J］. 福州大学学报: 哲学社会科学版, 2012 (5): 26 –30.

［157］钟哲辉, 张殿业. 基于博弈机制的物流信息共享研究 ［J］. 经济问题, 2009 (6): 46 –48.

［158］HUMPHREYS P K, LAI M K, SCULLI D. An Inter-organizational Information System for Supply Chain Management ［J］. International Journal of Production Economics, 2001, 70 (3): 245 –255.

［159］邵海静. 虚拟物流企业网络内成员组织间合作的博弈分析 ［J］. 生产力研究, 2012 (4): 225 –227.

［160］JAYARAM J, TAN K C. Supply Chain Integration with Third-party Logistics Providers ［J］. Int. J. Production Economics, 2010 (125): 262 –271.

［161］WANG H, GUO M, EFSTATHIOU J. A Game-theoretical Cooperative Mechanism Design for A Two-echelon Decentralized Supply Chain ［J］. European Journal of Operational Research, 2004, 157 (2): 372 –388.

［162］EGRI P, VáNCZA J. A Distributed Coordination Mechanism

for Supply Networks with Asymmetric Information [J]. European Journal of Operational Research, 2013, 226 (3): 452 – 460.

[163] 李斌, 陈景. 第三方物流企业协同关系的演化博弈 [J]. 统计与决策, 2011 (3): 183 – 185.

[164] 王先甲, 全吉, 刘伟兵. 有限理性下的演化博弈与合作机制研究 [J]. 系统工程理论与实践, 2011 (S1): 82 – 93.

[165] 赖红松, 董品杰, 祝国瑞. 求解多目标规划问题的 Pareto 多目标遗传算法 [J]. 系统工程, 2003, 21 (5): 24 – 28.

[166] 倪志伟, 李峰刚, 毛雪岷. 智能管理技术与方法 [M]. 北京: 科技出版社, 2007.

[167] 王宇平. 进化计算的理论和方法 [M]. 北京: 科学出版社, 2011.

后　　记

　　本书围绕"基于对象标识统一性的物流资源整合"问题，结合物流管理相关理论与方法，阐述了对象标识对物流资源整合的推动作用，提出了具有兼容性的基于 OID 的对象标识统一化方案，揭示了对象标识统一性对物流资源整合的影响机理，构建了考虑对象标识统一性的物流资源整合优化模型。研究成果对现代物流资源整合的深入推进有重要的理论价值和实际指导意义。

　　本书是在我的博士论文基础上整理得到，并受山东省自然科学基金项目（ZR2020QG005）资助。在即将出版之际，首先感谢导师侯汉平教授的悉心指导。侯汉平教授严谨的治学态度、开阔的创新思维给我留下了深刻的印象并受益终身。走上工作岗位后，导师仍然给予了我最大的支持与鼓励。在此，谨向敬爱的导师侯汉平教授致以最衷心的感谢。

　　在本书的写作过程中，我参考了大量的文献资料，启迪颇多，在此向这些文献的作者表示敬意。同时还要向参与本书文字修改、编辑的相关人员表示衷心感谢。最后，感谢我的家人给予我的鼓励，他们无微不至的照顾使我能够全身心地投入本书的写作工作中。谨以此书献给你们，以表达我深深的爱。

朱惠琦

书于山东烟台

2022 年 7 月